Günter Piepenbrock

Border Collie

Experten-Rat für
Erziehung, Pflege
und Ernährung

Farbfotos:
Christine Steimer

Zeichnungen:
György Jankovics

GU
GRÄFE
UND
UNZER

Inhalt

Vorhergehende Doppelseite:
Dies ist die Arbeit, für die Border Collies geboren sind: Schafe an den Ort zu treiben, an dem ihr Herr sie haben will.

Wissenswertes über den Border Collie 4
Wie die Rasse entstand 4
Der Urahn aller Border Collies 6
Zwei verschiedene Zuchtlinien 6
Der Border Collie heute 7
Der FCI-Rassestandard 10

Typisch Border Collie 12
Die Arbeit an Schafen 12
Das Training für die Hütearbeit 12
Hütewettkämpfe (Trials) 14
Andere Arbeitsgebiete 16

Ratschläge für den Kauf 18
Paßt ein Border Collie in Ihr Leben? 18
Rüde oder Hündin? 19
Welpe oder erwachsener Hund? 19
Der Border Collie als Familienhund 20
Den richtigen Züchter finden 21
Auswahl eines gesunden Welpen 23
Der Kaufvertrag 23
Impfpaß und Entwurmung 23
Die Ahnentafel 23

Eingewöhnung und Alltag 24
Der Transport nach Hause 24
Die ersten Tage und Nächte 24
Stubenreinheit 25
Die richtige Grundausstattung 26
Gefahrenquellen 27
Der Border Collie und Kinder 27
Der Border Collie und andere Tiere 28
Mit dem Hund auf Reisen 28
Der alte Hund 29
Verhaltensweisen des Border Collies 30

Erziehung und Spiel 32
Erziehungsregeln 32
PRAXIS Erziehung 34
Lob und Tadel 36
Was der Border Collie nicht darf 37
PRAXIS Beschäftigung 38

Tägliche Pflege und Kontrolle 40
Kontrolle der Augen 40
Kontrolle der Ohren 40
Kontrolle der Zähne 40
Kontrolle der Pfoten und Krallen 40
Reinigung der Analdrüsen 41
PRAXIS Fellpflege 42

Da dieser Welpe für die Arbeit an Schafen noch zu klein ist, begnügt er sich mit einer Schar Gänse.

Vorwort

Die richtige Ernährung 44
Der Speiseplan des Wolfes 44
Fertigfutter 44
Selbst zubereitetes Futter 45
Nagen ist gesund 46
Futterplatz 47
Futtermenge und Fütterungszeiten 47
Fütterungsregeln 47
Trinken ist wichtig 48

**Gesundheitsvorsorge und
Krankheiten** 49
Schutzimpfungen 49
Entwurmung 49
Was der Hundebesitzer können
muß 49
Krankheitsanzeichen erkennen 50
Kleine Krankheitskunde 51
Hier können Sie selbst helfen 52
Wenn die Hundeseele krank wird 52
Rassetypische Krankheiten 52
PRAXIS Erste Hilfe 54

Border Collies züchten 56
Voraussetzung für die Zucht 56
Der Deckrüde 56
Die Läufigkeit 57
Die Paarung 57
Die Trächtigkeit 58
Die Wurfkiste 58
Die Geburt 58
Nach der Geburt 58
Entwicklung der Welpen 59
Ernährung der Welpen 59

Sachregister 60

Adressen und Literatur 62

Wichtige Hinweise 63

Er gehört zu den besten Hütehunden
der Welt, und zweifelsohne ist der Border Collie ein Hund der Superlative. Er
ist intelligent, absolut gehorsam und
extrem arbeitswillig. Das Hüten von
Vieh ist sein Lebensinhalt und seine
tägliche Herausforderung. Das sanfte,
aufgeschlossene Wesen des Hundes
darf nicht darüber hinwegtäuschen,
daß diese Rasse große Ansprüche an
den Besitzer stellt. Nur wenn Arbeitseifer und Bewegungsdrang Ihres Border
Collies in ausreichendem Maße gestillt
werden, ist der Hund ausgeglichen
und glücklich.
In diesem GU Tier-Ratgeber gibt der
Autor einen Überblick über die Entstehung der Rasse und die Haltungsbedingungen. Sie erfahren, wie Sie den
richtigen Züchter finden und was bei
der Auswahl eines gesunden Welpen
zu beachten ist. Außerdem erhalten
Sie wertvolle Ratschläge, wie Sie das
Einleben des Welpen bei sich zu Hause
erleichtern können und wie Sie den
Kleinen erfolgreich erziehen. Leicht
verständliche Anleitungen informieren
über richtige Pflege und Gesundheitsvorsorge sowie über die verantwortungsvolle Zucht.
Auf PRAXIS-Seiten: Erziehung, Beschäftigung, Fellpflege und Erste Hilfe
bei Krankheiten und Verletzungen.
Informative Zeichnungen von György
Jankovics veranschaulichen den Text.
Faszinierende Farbfotos zeigen das
Wesen dieser beeindruckenden Hunde.
Viel Freude mit Ihrem Border Collie
wünschen Ihnen der Autor und die
GU Naturbuch-Redaktion.

*Bitte beachten Sie
die »Wichtigen
Hinweise« auf
Seite 63.*

Wissenswertes über den Border Collie

An allem interessiert, was das Leben zu bieten hat: Dieser Border Collie-Welpe wartet nur darauf, daß jemand mit ihm spielt.

Ein intelligenter Hund

Seine einzigartige Begabung, Vieh mit fixierendem Blick zu kontrollieren und zu lenken, kombiniert mit Ausdauer, Intelligenz und Führigkeit, hat dem Border Collie den Ruf eingebracht, der beste Hütehund der Welt zu sein. Seine angeborene Veranlagung, individuell zu denken und völlig selbständig zu arbeiten, machen ihn zum unentbehrlichen Helfer beim Hüten von Schafen oder anderen Herdentieren. Selbst für andere Disziplinen lassen sich seine vielschichtigen Qualitäten einsetzen, so daß diese Rasse als eine der vielseitigsten angesehen werden muß. Der Border Collie braucht geistige Herausforderungen. Täglich will er seine Fähigkeiten unter Beweis stellen und eine Aufgabe in enger Zusammenarbeit mit seinem Herrn erfüllen. Er ist ein treuer, gehorsamer Begleiter, ein zuverlässiger, nützlicher Partner bei der Hütearbeit und ein intelligenter Konkurrent bei Hütewettkämpfen.

<u>Für die Arbeit gezüchtet:</u> Die außerordentliche Verstandeskraft des Border Collies resultiert daraus, daß bei seiner Zucht – im Gegensatz zu vielen anderen Hunderassen, deren Auslese nach Körperbau und Schönheit erfolgte – jahrhundertelang nur auf seine Hüteeigenschaften, auf Intelligenz und Führigkeit geachtet wurde. Das äußere Erscheinungsbild spielte überhaupt keine Rolle, denn ein vorzüglicher Hütehund konnte keine falsche Fellfarbe haben. »Brains before Beauty« (Verstand vor Schönheit) war das erklärte Zuchtziel.

Wie die Rasse entstand

Den ersten Border-Collie-ähnlichen Hund erwähnten Cato und Varro in ihrem Buch »De Re Rustica« im Jahre 36 vor Christus. Sie beschrieben einen großen, grobknochigen, dreifarbigen Herdenhund, der langes oder kurzes Fell besaß. Die Römer brachten viele Hunde dieser Art mit, als sie 55 vor Christus in Britannien einfielen. Aufgabe der Hunde war es, das Vieh zu hüten und zu bewachen, das die Römer für ihre Armeen benötigten. Als dann das römische Weltreich allmählich zusammenbrach, mehrten sich die Übergriffe der Wikinger auf die Britischen Inseln. 794 besetzten sie Schottland und Irland und brachten ebenfalls ihre Hunde ins Land. Es handelte sich um leichtgebaute, spitzähnliche Tiere mit schwarzem oder hellbraunem kurzem Fell, spitzen Ohren, einem fuchsähnlichen Gesicht und meist blauen Augen. Über viele Jahre hinweg wurden diese nun mit den Nachkommen der römischen Herdenhunde gekreuzt. Im schottischen Hochland und in Wales entstand dabei ein kleiner, feinknochiger Hütehund, der sich im felsigen Gelände überaus flink und sicher bewegen konnte. Dies verschaffte ihm einen großen Vorteil beim Hüten der wilden Bergschafe. In den flacheren Gebieten von Südschottland und Nordengland entwickelte sich ein etwas größerer und schwererer Hund.

<u>Gezielte Zucht:</u> Bei den Schäfern dieser Regionen erfreuten sich die nützlichen Hunde bald größter Beliebtheit. Mit

Augen auf und Ohren gespitzt: Sind da etwa Schafe in der Nähe?

gezielten Verpaarungen begann man, die gewünschten Eigenschaften – Hütetrieb, Gehorsam und Führigkeit – zu verstärken. Zusätzlich wurden andere Hunderassen eingekreuzt, um weitere Verbesserungen zu erzielen: Greyhounds wegen der größeren Schnelligkeit, Spaniels wegen ihrer Fähigkeit, im Kriechgang zu laufen und mit der Nase am Boden das Wild aufzuspüren, sowie Setter und Pointer wegen ihres Verhaltens, den Standort von gestelltem Wild anzuzeigen, indem sie erstarrt davor stehenblieben.

Die Rassebezeichnung »Border Collie«: Früher gab es für Collies verschiedene Namen wie The Shepherds dog, Colley dog, Coally dog oder einfach nur Collie. Alle Hütehunderassen wurden damals noch allgemein als »Collie« bezeichnet. Über den Ursprung und die Bedeutung dieses Wortes gibt es mehrere Theorien. Eine Interpretation geht davon aus, daß der Name Coally vom englischen Wort *coal* (Kohle) abgeleitet wurde. Eine andere Theorie besagt, daß das alte gälische Wort *colley* »nützlich« bedeutet. Beides könnte stimmen, denn der Border Collie ist ein nützlicher, vorwiegend schwarzgefärbter Hund!

Die Rassebezeichnung »Border Collie« wurde 1910 geprägt, um den Arbeitscollie vom Bearded Collie und vom Show Collie abzugrenzen. Die Rasse wurde so genannt, weil sie aus dem schottisch-englischen Grenzgebiet (den Borders), einem Distrikt im Süden Schottlands, stammte. Wenn man heute in Großbritannien allgemein von einem Collie spricht, dann ist immer der arbeitende Border Collie gemeint.

Der Urahn aller Border Collies
Als Stammvater der Border Collies gilt der 1893 geborene Old Hemp, der von dem Farmer Adam Telfer gezüchtet wurde (→ Zeichnung unten). Alle heutigen Border Collies lassen sich auf dieses Tier zurückführen. Nie vorher gab es angeblich eine solch außergewöhnliche Hundepersönlichkeit. Der kräftige schwarz-weiße Hund hatte das Hüten so im Blut, daß er nie ein Training benötigte. Selbst den schwierigsten Trial – die Hütewettkämpfe fanden unter den Schäfern zunehmend regen Zuspruch – bestand er bravourös in Minuten.
Old Hemps Nachkommen waren sehr gefragt, wodurch seine dominante Linie durchschlug. Er soll mehr als 200 Söhne und ungezählte Töchter gezeugt haben, die als ebenso hervorragende »Arbeiter« bis in die USA und nach Australien exportiert wurden.

Zwei verschiedene Zuchtlinien
Die Interessen der ISDS: Im Juli 1906 gründete eine Gruppe von Schäfern aus den schottisch-englischen Grenzgebieten, den Border Counties, die International Sheep Dog Society (ISDS),

Ein vorbildlicher Hütehund: Old Hemp, der Stammvater aller Border Collies.

die in Großbritannien die Border Collie-Züchter vertritt. Da die ISDS einzig an den Arbeitsqualitäten des Border Collies interessiert ist, stellte sie bislang keinen Rassestandard auf und wird es auch nie tun. Sie führt ein eigenes Zuchtbuch und veranstaltet Hütewettkämpfe (Trials), bei denen Border Collies in Zusammenarbeit mit ihren Herrn ihre Fähigkeiten unter Beweis stellen.

Die Interessen des Kennel Clubs: In Großbritannien wurden in den vergangenen 30 Jahren die Border Collies zunehmend für die Teilnahme an den beliebten »Obedience«-(Gehorsams-) Wettbewerben entdeckt. Aufgrund ihrer natürlichen Fähigkeiten zeichneten sie sich rasch als noch williger, eifriger und gehorsamer sowie bei Wettkämpfen als fast unschlagbar aus. Da die meisten dieser Veranstaltungen in Verbindung mit offiziellen Hundeausstellungen durchgeführt wurden, verlangten viele Organisatoren eine Registrierung der teilnehmenden Hunde beim Kennel Club, dem Dachverband englischer Rassehundevereine. Dazu war es aber notwendig, daß der Kennel Club den Border Collie als Rasse für Ausstellungszwecke anerkannte – ein Schritt, der bei den Schäfern und bei der ISDS auf heftigen Widerstand stieß: Sie befürchteten, daß die rein auf Schönheit gezüchteten Border Collies an Arbeitsqualität verlieren.

Der Show Border Collie: Im Juni 1976 wurde der Border Collie vom Kennel Club und von der FCI (Fédération Cynologique Internationale) offiziell zu Schauzwecken anerkannt. Zunächst wurde ein Rassestandard entworfen, damit die Hunde vom äußeren Erscheinungsbild vergleichbar beurteilt werden konnten. Doch wie sollte man einen Standard für eine Hunderasse festlegen, deren einziger Bewertungsmaßstab seit Jahrhunderten die Qualität im Schafehüten war? Nun sollte der Border Collie auf Schönheitswettbewerben vorgeführt werden, bei denen der hübscheste Hund gewinnt, seine Intelligenz und seine Veranlagung zum Viehhüten jedoch keine Rolle mehr spielen. Der Grundstein für die Schöpfung einer neuen Rasse – des Show Border Collies – war damit gelegt.

Der Border Collie heute
Zur Zeit ist es in Großbritannien noch möglich, daß ein Border Collie bei der ISDS und dem Kennel Club gleichzeitig registriert sein kann. In absehbarer Zeit wird man jedoch zwei Linien deutlich voneinander unterscheiden, die auch zuchtbuchmäßig getrennt werden müssen: die Border Collies und die Show Border Collies. Es gibt dann einerseits die bei der ISDS registrierten Border Collies, die mit einer großen Variationsbreite des äußeren Erscheinungsbildes immer noch einen ausgeprägten Hüteinstinkt besitzen und weiterhin in der Arbeit an Schafen so unschlagbar sein werden wie ihre Vorfahren seit Jahrhunderten. Andererseits wird sich eine neue Rasse – der beim Kennel Club eingetragene Show Border Collie – in ihrem Bestand gefestigt haben, die einen »verschönerten« Hundetyp mit fehlendem Hüteinstinkt, aber Eignung für Ausstellungszwecke und »Obedience«-Training hervorbringt.

Hinweis: Ein im Kennel-Club registrierter Border Collie kann nur an den Aktivitäten (Trials) der ISDS teilnehmen, wenn er gleichzeitig ISDS-Papiere besitzt. Eine Eintragung allein im Kennel Clubreicht nicht aus. Die Registrierung bei der ISDS wird jedoch nur dann vorgenommen, wenn beide Elternteile des Hundes ISDS-registriert sind, oder wenn dieser Hund den Nachweis außerordentlicher Hütearbeit erbringt.

Mit aufmerksam-fixierendem Blick erwartet diese Hündin den nächsten Befehl.

Border Collies

So unterschiedlich können Border Collies aussehen. Aber ganz gleich wie die Fellzeichnung auch sein mag, ihr freundliches, liebenswertes Wesen und ihr sensibles Gemüt sieht man den Border Collies schon am Gesichtsausdruck an.

Eine Hündin mit seltenerer hellbrauner Fellzeichnung.

Ein extravagant schwarz-weiß gefärbter Langhaarrüde.

Langhaarrüde, tricolor.

Braun-weißer Rüde, 6 Monate.

Kurzhaarhündin, tricolor.

Der Charme des Individualisten
Das äußere Erscheinungsbild des Border Collies kennt viele Variationen. Egal, ob stehende oder gekippte Ohren, ob langes oder kurzes Fell, ob schwarz-weiß, braun-weiß, tricolor oder blue-merle – dem Border Collie sieht man sofort an, daß er jahrhundertelang nie auf ein einheitliches Aussehen gezüchtet wurde. Allein die Hüteeigenschaften jedes einzelnen Border Collies waren ausschlaggebend, ob er für die Zucht verwendet wurde. Nur die besten Arbeitshunde hatten Nachkommen und vererbten ihre Fähigkeiten weiter. So entwickelte sich im Laufe der Zeit ein anmutiger, intelligenter Hund, der vor allem eines geblieben ist: ein charmanter Individualist.

Stolz zeigt sich diese schwarz-weiße Langhaarhündin mit ihrem 7 Wochen alten Welpen.

Der FCI-Rassestandard

Der Rassestandard beschreibt den Idealtyp einer Hunderasse. Er wird im Ursprungsland der jeweiligen Rasse erstellt, beim Internationalen Dachverband der Hundezüchter hinterlegt und den jeweiligen Mitgliedsverbänden übermittelt, damit bei Schönheitskonkurrenzen einheitliche Beurteilungskriterien für die Hunderasse vorliegen. Die Angaben zum Rassestandard sind verbindlich.

Rassemerkmale
Da der Border Collie jahrhundertelang nach dem Motto »Brains before Beauty« (Verstand vor Schönheit) speziell auf seine Hüteeigenschaften und seine Intelligenz hin gezüchtet wurde, gesteht der Rassestandard den Border Collies eine recht große Variationsbreite hinsichtlich Körperform, Haarlänge und Farbmerkmalen zu.
<u>Gesamterscheinung:</u> Der Border Collie ist ein wohlproportionierter Hund mit geschmeidig wirkenden Konturen. Der kräftige, gleichzeitig aber anmutige und harmonische Körperbau vermittelt den Eindruck von Ausdauer. Jegliche Tendenz zu Plumpheit oder Schwächlichkeit ist unerwünscht.
<u>Wesen:</u> Aufgeweckt, aufmerksam, führig und intelligent, weder nervös noch aggressiv.
<u>Kopf:</u> Schädel ziemlich breit mit ausgeprägtem Stop. Die Nase ist schwarz, bei braunen oder schokoladefarbenen Hunden darf sie braun sein. Bei blauen Hunden sollte sie schieferfarben sein. Die Schnauze ist mäßig kurz und kräftig ausgebildet.
<u>Augen:</u> Weit auseinander gesetzt, von ovaler Form und mittlerer Größe. Augenfarbe braun, bei Blue-merles dürfen ein Auge oder beide Augen blau sein. Der Ausdruck ist sanft, aufgeweckt, aufmerksam und intelligent.
<u>Ohren:</u> Von mittlerer Größe und Textur, weit auseinanderstehend, aufrecht oder halb aufrecht getragen und ausdrucksvoll beweglich.
<u>Fang:</u> Die Zahnreihe zeigt ein perfektes Scherengebiß, bei dem die Schneidezähne des Oberkiefers knapp über die des Unterkiefers greifen.
<u>Körperbau:</u> Der Körper ist von athletischem Aussehen mit einer tiefen, breiten Brust und gut gewölbten Rippen. Die Lenden wirken muskulös, aber

Der Rassestandard gesteht den Border Collies eine große Variationsbreite zu.

Kleiner Border-Collie-Steckbrief

Ursprungsland: Südschottland, Nordengland (die Border-Counties).
Verbreitung: Länder mit großen Schafpopulationen. Außerhalb Großbritanniens vor allem in Neuseeland, Australien, USA, Kanada und seit den 70er Jahren in allen Kontinentalländern der EU.
Eignung: Als Hütehund vor allem an Schafherden, in Deutschland besonders für die Koppelschafhaltung, aber auch für anderes Vieh wie Kühe, Schweine, Gänse, Enten. Border Collies mit wenig Hütetrieb können als Rettungs- oder Blindenhunde sinnvolle Aufgaben übernehmen.
Charakter: Aufgeweckt, gelehrig und intelligent, weder nervös noch aggressiv.

Haltungsansprüche: Wegen seines Arbeitseifers benötigt der Border Collie viel Bewegungsraum. In einer Stadtwohnung sollte er grundsätzlich nicht gehalten werden.
Geeignet für Leute, die ein Haus mit großem Garten haben oder ländlich wohnen, Vieh besitzen und den Border Collie entsprechend fördern und beschäftigen können.
Nicht geeignet für Leute, die weder Zeit noch Möglichkeiten haben, den Arbeitseifer und Hüteinstinkt eines Border Collies zu befriedigen.
Fütterung: Unproblematisch mit Frischfleisch oder Fertigfutter. Ein arbeitender Border Collie benötigt mehr und gehaltvolleres Futter.
Pflegeansprüche: Es genügt, den Hund 2mal pro Woche zu bürsten.

nicht aufgezogen. Die Kruppe ist breit und muskulös und verläuft anmutig zum Rutenansatz.
Pfoten: Oval, mit gut gepolsterten Ballen, gewölbten Zehen und kurzen, kräftigen Krallen.
Rute: Mäßig lang, tief angesetzt, gut behaart und mit Aufwärtsschwung am Ende, der die anmutige Außenlinie und Harmonie des Hundes abrundet. Mit ihrem letzten Wirbel reicht sie mindestens bis zum Sprunggelenk. Im Erregungszustand wird die Rute höher, aber nie über dem Rücken getragen.
Bewegung: Frei, fließend und unermüdlich, wobei die Pfoten möglichst wenig abgehoben werden, damit sich der Hund schleichend und mit großer Geschwindigkeit bewegen kann.
Haarkleid: Zwei Fellvarietäten sind anerkannt, eine mäßig lange und eine

stockhaarige. Beide Varianten weisen dichtes Deckhaar von mittlerer Textur und weiche, dichte Unterwolle auf. Bei der mäßig langen Fellvarietät bildet das reichliche Haarkleid Mähne (am Hals), Hosen (an den Hinterläufen) und Fahne (an der Rute) aus. An Gesicht, Ohren, Vorderläufen (ausgenommen Federn) und Hinterläufen vom Sprunggelenk bis zum Boden sollte das Haar kurz und glatt sein.
Farbe: Eine Vielfalt von Farben ist erlaubt: schwarz-weiß, tricolor, bluemerle, grau-blau, rot-weiß, rot-merle, schwarz-weiß gesprenkelt. Weiß sollte nie vorherrschen.
Größe und Gewicht: Idealhöhe: Rüden 53 cm, Hündinnen etwas weniger.
Bemerkung: Rüden müssen 2 normal entwickelte Hoden haben, die ganz in den Hodensack abgestiegen sind.

Typisch Border Collie

Die Arbeit an Schafen
Die meisten Border Collies haben einen kaum zu bremsenden Lerneifer, der vom Welpenalter an gestillt werden muß, damit der Hund ein glückliches und ausgefülltes Leben führen kann. Hinzu kommen ein unbändiger Bewegungsdrang sowie das Verlangen nach »Kopfarbeit«. Die ureigenen Anlagen seines Hundes sollte man deshalb nicht verkümmern lassen.
<u>Zum echten Glück gehört das Hüten:</u> Die wahre Berufung des Border Collies ist die Hütearbeit, bei der er sein Innerstes voll entfalten kann. Seine ganz speziellen Fähigkeiten, für die er jahrhundertelang gezüchtet wurde, kommen erst beim Hüten richtig zum Vorschein. Er gilt als »Spezialist« für das Zusammensuchen verstreuter Schafe in weitem oder unwegsamem Gelände, das behutsame Heranbringen der Tiere sowie das präzise Umtreiben, Abtrennen und Einpferchen kleiner Schaftrupps. Das Hüten ist sein Lebensinhalt, es macht ihn glücklich und vom Wesen her ausgeglichen.
<u>Arbeitsweise beim Hüten:</u> Es ist faszinierend zu beobachten, wie der Border Collie sich tief geduckt und ruhig den Schafen nähert, sie umrundet und mit fast hypnotischem Blick kontrolliert (→ Foto, Seite 21). Während er die Schafe vorwärts treibt, versucht er, jede ihrer Bewegungen vorauszuahnen und jeden Ausbruch zu verhindern. Der Border Collie dirigiert sein Vieh völlig schweigend und bellt nicht. Er reagiert auf kleinste Anweisungen seines Herrn mit unbedingtem Gehorsam und arbeitet, selbst wenn er von seinem Herrn weit entfernt ist, zuverlässig, selbständig und unermüdlich.
<u>Schafhaltung als Hobby:</u> Viele Border Collie-Besitzer halten sich extra ein paar Schafe, um ihre Hunde an der Herde trainieren und an Hütewettkämpfen (Trials) teilnehmen zu können. Hat man keine Trial-Ambitionen, hütet der Border Collie ebenso gern Kühe, Ziegen, Enten oder Gänse.

Das Training für die Hütearbeit
Beim Training werden dem Border Collie alle für die Hütearbeit nötigen Kommandos beigebracht.
<u>Das Training</u> sollten Sie erst beginnen, wenn Ihr Border Collie 6 bis 12 Monate alt ist und bereits die Kommandos des Grundgehorsams beherrscht (→ PRAXIS Erziehung, Seite 34 und 35). Die Trainingseinheiten sollten nicht länger als 15 bis 30 Minuten dauern, allerdings können mehrere am Tag stattfinden. Unmittelbar vor einer Lektion sollte ein Hund nichts fressen (Gefahr der Magendrehung, → Seite 54).
<u>Die wichtigsten Kommandos,</u> die der Border Collie lernen muß, bevor er an Schafen trainiert wird, lauten: »Lauf rechts«, »Geh links«, »Vorwärts«, »Weiter«, »Langsam«, »Zurück« und »Genug«. Gewöhnlich bringt man dem Border Collie für all diese Befehle verschiedene Pfiffe bei, die er auch aus größerer Entfernung gut hören kann.
<u>Bei der Ausbildung an Schafen</u> muß der junge Hund zuerst lernen, im Bogen hinter eine kleine Trainingsgruppe von etwa 10 Schafen zu laufen und

Etwas ratlos schaut dieser Welpe in die Welt. Nun hat er sich so schön versteckt, und keiner kommt ihn suchen.

Eine Border-Collie-Hündin »überredet« die Lämmer zum Richtungswechsel.

diese dann »vorwärts« zu treiben. Wenn sich der »Lehrling« nach rechts oder links bewegt, um die Schafe wieder von vorne anzugehen, pendelt der Hundeführer die Bewegungen des Hundes aus, indem er seinerseits immer auf der anderen Seite der Herde bleibt. Rasch hat der Junghund begriffen, daß er stets in der 12-Uhr-Position bleiben muß, um seinem Herrn die Schafe zuzutreiben. Wenn der Hund die Aufgabe beherrscht, sein Verbleiben in dieser Position auszubalancieren, falls sein Herr von der geraden Linie abweicht, werden die Flankierungskommandos geübt. Dazu gibt der Hundeführer immer dann das Kommando »Lauf rechts« oder »Geh links«, wenn sein Hund sich von selbst nach rechts oder links (in Beziehung zu den Schafen) bewegt. Erst wenn der Hund die Flankierungskommandos sicher befolgt, wird das Wegtreiben der Schafe vom Hundeführer geübt, das der Natur und dem Instinkt des Border Collies eigentlich widerstrebt.

Während dieser schwierigen Übung dirigiert der Hundeführer seinen Border Collie in der Weise, daß dieser die Schafe auch flankiert, ohne dabei notwendigerweise die 12-Uhr-Position auszupendeln. Nun lassen sich die Schafe in alle Richtungen treiben.

Mein Tip: Hilfreich ist ein Weidezaun oder eine Hecke, um die Schafe in einer geraden Linie zu halten. Der Trainer geht etwa in Höhe des Hundes hinter der Herde mit.

Hütewettkämpfe (Trials)

Vermutlich haben schottische Schäfer schon lange vor dem ersten offiziellen Hütetrial kleine, private Wettkämpfe durchgeführt, um die Fähigkeiten ihrer Hunde beim Schafehüten zu testen. Schließlich wurde ein Parcours festgelegt, den die Hunde zu absolvieren hatten. Nun konnten alle Hunde ihre Hütequalitäten unter konstanten Bedingungen und bei vergleichbaren Aufgaben demonstrieren. Die Idee des Trials (engl. *trial* = Prüfung) war geboren.

Das erste Trial: 1873 fand in Bala, Nordwales das erste offizielle Sheepdog-Trial statt, bei dem 10 Hunde starteten. Die Wettkämpfe erfreuten sich zunehmender Beliebtheit und breiteten sich ab 1876 auch in die angrenzenden britischen Länder aus. Seitdem werden sie regelmäßig in vielen Teilen von England, Schottland, Wales und Irland sowie inzwischen auch bei uns auf dem europäischen Festland abgehalten.

Trials als Hobby: Als 1975 das Britische Fernsehen zum ersten Mal eine Serie von Hütetrials mit den Ausscheidungsläufen und Finalen aller britischen Länder unter dem Titel »One Man and his Dog« (»Ein Mann und sein Hund«) ausstrahlte, schnellte die Popularität der Border Collies schlagartig in die

Höhe. Bis dahin waren die Trials eher ländliche Veranstaltungen, bei denen sich Schäfer und Farmer trafen, um ihre Hunde im Vergleich zu sehen. Doch schon die erste Sendung von »One Man and his Dog«, aufgenommen im malerischen Lakedistrikt, erreichte ein Zweimillionen-Publikum. Seitdem schafften sich schon viele Menschen Border Collies und ein paar Schafe an, um die faszinierenden Hunde beim Training und bei den Trials erleben zu können. Inzwischen nehmen an den jährlich etwa 440 Wettkämpfen nicht mehr ausschließlich Berufsschäfer und Farmer teil, sondern immer häufiger auch Hobbytrialisten.

Trials in Deutschland: Jedes Jahr veranstaltet die Arbeitsgemeinschaft Border Collie Deutschland e.V. Hütetrials und Seminare zur Fortbildung. Termine erfahren Sie bei der Arbeitsgemeinschaft (→ Adressen, Seite 62).

Der Trialkurs

Aufgaben der Hunde: Beim Wettkampf zeigen die Border Collies die ganze Vielfalt ihrer Hütearbeit an Schafen. Auf einem vorgegebenen Kurs sind mehrere Einzelaufgaben in einer bestimmten Reihenfolge und innerhalb einer festgelegten Zeitspanne zu absolvieren. Der Hund treibt dabei eine Gruppe von 5 Schafen über den Parcours und wird nur durch Pfiffe und Zurufe seines Herrn gelenkt. Das Trial umfaßt folgende Einzelaufgaben: Hinauslaufen *(Outrun)*, Aufnehmen *(Lift)*, Holen *(Fetch)*, Treiben *(Drive)*, Abtrennen einer kleinen Gruppe *(Shed)*, Einpferchen *(Pen)*, manchmal auch das Vereinzeln *(Single)* von Schafen.

Ablauf eines Trials (→ Zeichnung, rechts): Beim *Outrun* ① soll der Hund vom *Handler*, dem Hundeführer, weg in einem birnenförmigen Bogen hinter die in etwa 300 m Entfernung stehenden Schafe laufen und einen Moment dort verharren, ohne die Schafe vorzeitig zu beunruhigen. Jetzt nimmt der Hund die Schafe auf *(Lift)*. Dabei geht er ruhig und mit »Auge« – tiefgeduckt und mit fixierendem Blick – auf die Truppe zu ②, so daß sich diese in Richtung *Handler* in Bewegung setzt. Auf halbem Weg der 300 m langen Strecke ist ein Tor aufgestellt, durch welches die Schafe auf der geradesten Linie hindurch ③ und bis zum *Handler* geholt werden müssen *(Fetch)*. Sobald die Schafe den *Handler* passiert haben, muß der Hund die Schafe um den *Handler* herum in schrägem Winkel auf das erste Treibtor zutreiben ④. Anschließend werden die Schafe wieder »gekippt« – in eine andere Richtung umgelenkt –, und das Quertreiben *(Crossdrive)* beginnt ⑤. Dies geschieht im rechten Winkel zur Einhollinie quer über das Feld bis zum zweiten Treibgatter. Wieder werden die Schafe »gekippt« ⑥ und bis zum Sheddingring getrieben ⑦. In diesem mit Sägespänen markierten Ring, der einen Durchmesser von etwa 30 m hat, teilt der Hund die Schafe in 2 Gruppen von 2 und 3 Tieren *(Shed)*. Die kleinere Gruppe muß er einen Moment lang mit den Augen »tragen« und damit zeigen, daß er diese in seiner Gewalt hat. Anschließend treibt er die beiden Gruppen in der Mitte des Sheddingrings wieder zusammen, während der *Handler* das Tor des Pferches, der etwa 2 x 3 m mißt, öffnet. Der Hund dirigiert die Schafe in den Pferch *(Pen)* ⑧, und der Parcours ist beendet. Das Zeitlimit für den gesamten Trialkurs liegt gewöhnlich bei 15 Minuten.

<u>Die Schwierigkeiten beim Trial:</u> Die schwierigste Aufgabe für den Hund besteht darin, die Schafe auf dem kürzesten Weg, sprich auf gerader Linie, von einer Station zur nächsten zu treiben. Schafe laufen aber normalerweise nicht freiwillig in geraden Linien über eine Wiese, sondern neigen eher dazu, sich zu zerstreuen oder versuchen, ihrem Verfolger zu entkommen und aus-

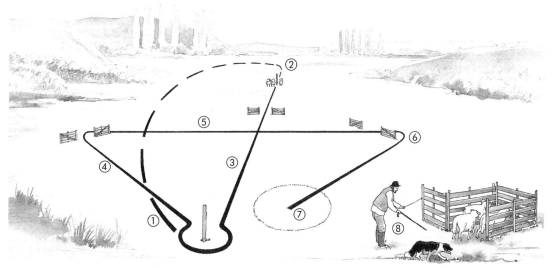

Ablaufskizze eines Trialparcours (Erläuterungen siehe Text).

zubrechen. Wenn ein Border Collie bei Trials erfolgreich sein soll, muß er nicht nur sämtlichen Kommandos und Pfiffen seines Herrn akkurat Folge leisten, also extrem gehorsam sein, sondern auch die richtigen Eigenschaften und entsprechenden Instinkte besitzen, um die Schafe nicht übermäßig zu beunruhigen. Andererseits müssen die Schafe aber auch seinen entschlossenen Willen und seine Durchsetzungskraft spüren, damit sie keine Chance haben, ihrerseits den Hund zu testen und in die Flucht zu jagen.

Trial-Klassen

Anfänger-, Fortgeschrittenenklasse:
Im Vergleich zur offenen Klasse ist der zu bewältigende Parcours in diesen beiden Klassen wesentlich vereinfacht.
Offene Klasse: Der Parcours ist deutlich schwieriger und umfangreicher; die Distanz zwischen dem Hund in der Ausgangsposition (beim *Handler*) und den Schafen beträgt 300 m.
Die Europameisterschaft: Bei den Trials der offenen Klasse qualifizieren sich die Hunde für die einmal jährlich stattfindende Europameisterschaft, das Continental Sheepdog Championship. Da die Briten wegen ihrer strengen Quarantänebestimmungen nicht daran teilnehmen können, wird sie unter den Kontinentalländern Deutschland, Dänemark, Niederlande, Belgien, Frankreich, Schweiz und Österreich ausgetragen. Im Finale konkurrieren die 15 besten Border Collies auf einem erschwerten Parcours mit 2 Schafgruppen um die Meisterschaft. Die International Sheep Dog Society trägt die Schirmherrschaft und benennt die Richter: stets berühmte Border Collie-Trialisten aus Großbritannien.

Andere Arbeitsgebiete

Border Collies ohne ausgeprägten Hütetrieb eignen sich ebenfalls sehr gut für den Einsatz als Gebrauchshunde. Großen Erfolg verzeichnen sie auch im Hundesport.

Der Border Collie als Rettungshund
Schon früh erkannte man, daß sich die natürlichen Fähigkeiten und Talente der Border Collies sehr gut für die Arbeit im Rettungsdienst nutzen lassen. Es gab schon immer besonders begabte Border Collies, die in harten schottischen Wintern unter Schneewehen begrabene Schafe lokalisierten und ihren Schäfer alarmierten, damit er sie ausgraben konnte. Mit großem Erfolg setzt man deshalb diese Hunde bei der Suche nach verirrten oder verletzten Bergsteigern ein. In Großbritannien zum Beispiel besteht die Rettungshundestaffel der national tätigen »Search and Rescue Dog Association« zu 80 Prozent aus Border Collies. Diese sind an steilen Hängen und in engen Schluchten wesentlich wendiger als schwere Hunderassen und besitzen

Wie bei einem Trial endet das Training gewöhnlich mit dem Einpferchen einiger Schafe.

Bei einem Trial der Anfängerklasse ist oft der Slalom Bestandteil des vereinfachten Parcours.

überdies auch die Fähigkeit, unermüdlich und oft in großer Entfernung zu ihren Herrn selbständig zu arbeiten. Auch in Deutschland steigt inzwischen das Interesse einiger Rettungshundeführer am Border Collie.

Der Border Collie als Blindenhund
Border Collies lassen sich auch gut als zuverlässige Blindenführhunde ausbilden. Voraussetzung dafür ist, daß sie mindestens eine Schulterhöhe von 40, idealerweise von 50 bis 60 cm aufweisen und ein gutmütiges, festes Wesen haben.
Eines der wichtigsten Ziele der Ausbildung ist es, dem Hund beizubringen, jedem treu ergeben zu sein, der sein Geschirr in der Hand hält. Deshalb erfährt der ausgewählte Hund schon vom Welpenalter an eine spezielle Behandlung. Um zu vermeiden, daß sich der Welpe zu einem »Ein-Mann-Hund« entwickelt, der nur zu seiner Bezugsperson eine starke Bindung aufbaut, muß der junge Hund öfters seinen Betreuer wechseln. Die hochspezialisierte, professionelle Ausbildung zum Blindenführhund beginnt im Alter von etwa einem Jahr.

Der Border Collie und Hundesport
Einige reinrassige Border Collies besitzen keinen Hüteinstinkt und werden niemals effektiv an Schafen arbeiten. Aber auch diese Hunde haben meist einen ausgeprägten Lern- und Arbeitseifer, den es zu befriedigen gilt, damit die Tiere geistig nicht verkümmern. Hier bieten sich mehrere Beschäftigungsmöglichkeiten an, zum Beispiel Nasenarbeit oder Hundesport wie Agility, Breitensport und Flyball. Der Border Collie wird mit Begeisterung teilnehmen und bald schon durch seinen Gehorsam, seine Intelligenz und Wendigkeit große Erfolge vorweisen (→ PRAXIS Beschäftigung, Seite 38 und 39).

Ratschläge für den Kauf

Ein Border Collie braucht sehr viel Beschäftigung und sollte deshalb nur in eine Familie kommen, die ihn täglich ausreichend fordert. Prüfen Sie vor der Anschaffung kritisch, ob Sie den Ansprüchen des Hundes gewachsen sind.

Die Anschaffung eines Hundes ist eine weitreichende Entscheidung, die man niemals aus einer momentanen Laune heraus treffen sollte. Immerhin übernehmen Sie in den nächsten 15 Jahren die Verantwortung für Ihren neuen Hausgenossen und die Verpflichtung, ihm ein artgerechtes, ausgefülltes und glückliches Leben zu ermöglichen. Lassen Sie sich also vor dem Kauf genügend Zeit und bedenken Sie gründlich alle Konsequenzen, die dieser Schritt für Sie und Ihre Familie bedeutet. Erkundigen Sie sich eingehend über Charakter, Eigenheiten und Bedürfnisse eines Border Collies, damit Sie später keine Überraschungen erleben.

Paßt ein Border Collie in Ihr Leben?
Die folgenden Fragen sollen zum Nachdenken anregen und Ihnen die Kaufentscheidung erleichtern.
• Können Sie aus beruflicher und privater Sicht über einen Zeitraum von etwa 15 Jahren planen?
• Sind Sie in der Lage, dem Border Collie das Leben zu bieten, das er zum Glücklichsein braucht? Ein Border Collie ist ein extrem anspruchsvoller Hund, der unbedingt täglich geistig und körperlich beschäftigt werden muß, damit seine Energien und Fähigkeiten voll ausgeschöpft werden. Die ideale Aufgabe für ihn ist das Hüten von Schafen oder anderem Vieh.
• Der Border Collie braucht viel Auslauf und Bewegung. Optimal wäre ein Bauernhof oder zumindest ein Haus mit großem Garten. Können Sie ihm das bieten? Für die reine Wohnungshaltung oder ein Leben in der Stadt ist diese Hunderasse grundsätzlich nicht geeignet.
• Macht es Ihnen nichts aus, täglich bei jedem Wetter mit Ihrem Hund 2 bis 3 lange Spaziergänge zu unternehmen, falls er nicht die Möglichkeit hat, bei der Hütearbeit seinen Bewegungsdrang zu stillen?
• Haben Sie die nötige Zeit für Erziehung, Ausbildung und Training des Border Collies?
• Sind Sie bereit, die Kosten für Futter, Pflege und Tierarzt sowie Hundesteuer und -haftpflichtversicherung zu bezahlen?
• Sind alle in der Familie mit der Anschaffung eines Border Collies einverstanden?
• Während des Haarwechsels verliert der Border Collie zuerst die Unterwolle, dann das Deckhaar. Stört sich jemand in der Familie daran?
• Ist niemand in der Familie allergisch gegen Hundehaare? Im Zweifelsfall vor der Anschaffung den Arzt fragen.
• Können Sie den Border Collie mit auf Urlaubsreisen nehmen? Falls nicht: Wer versorgt den Hund zur Urlaubszeit oder im Krankheitsfall?
Wenn Sie all diese Punkte wohl bedacht haben und dann immer noch sagen: Ja, der Border Collie ist der richtige Hund für mich, dann können Sie weitere Überlegungen zu Ihrem zukünfigen Hausgenossen anstellen und einen verantwortungsvollen Züchter suchen.

Rüde oder Hündin?
Als nächstes müssen Sie sich für Rüde oder Hündin entscheiden. Hier läßt sich kaum ein Rat erteilen, da die Wahl des Geschlechts mehr eine Sache der persönlichen Vorliebe ist.

Geschlechtsbedingte Unterschiede: Eine Hündin wird etwa alle 6 bis 9 Monate läufig, ein Rüde ist immer liebesbereit. Während der Läufigkeit kann die Hündin etwas sprunghaft und launisch bei der Arbeit werden. Andererseits wird ihr meist eine größere Anhänglichkeit nachgesagt, was ich persönlich nicht bestätigen kann. Die äußere Erscheinung eines Rüden ist normalerweise etwas stattlicher.

Umgebungsbedingungen: Lassen Sie sich bei der Wahl auch von den Hunden der Umgebung beeinflussen. Leben in Ihrer Nachbarschaft vorwiegend Hündinnen, so würde – falls Sie sich einen Rüden anschaffen – Ihr Hund mit allen Mitteln versuchen, zu einer dieser Hündinnen zu gelangen, sobald sie läufig ist. Besitzen Ihre Nachbarn dagegen überwiegend Rüden, und Sie halten eine Hündin, so müssen Sie während ihrer Läufigkeit ständig mit Verehrerbesuchen rechnen.

Welpe oder erwachsener Hund?
Der Kauf eines Welpen ermöglicht Ihnen, alle Entwicklungsstadien bis zum erwachsenen Hund hautnah mitzuerleben. Man kann schon früh mit der Erziehung des jungen Hundes beginnen, um ihn auf seine späteren Aufgaben vorzubereiten. Allerdings besteht die Gefahr, daß man im Welpenalter den nötigen Hütetrieb noch nicht erkennen und auch nicht beurteilen kann, ob der Hund jemals für die Arbeit an Schafen tauglich sein wird. Dieses Risiko läßt sich jedoch bei der Wahl eines Welpen aus einer Arbeitslinie verringern.

Beim Tragen des Welpen sollte eine Hand die Vorderpfoten, die andere das Hinterteil des Hundes unterstützen.

Beim Kauf eines erwachsenen Hundes sollte man sich fragen, warum dieser verkauft wird. Möglicherweise hat er versteckte Fehler, die man im ersten Augenblick nicht erkennt. Die Anschaffung eines erwachsenen, zur Hütearbeit ausgebildeten Border Collies hat den Vorteil, daß man sich das Training des Hundes erspart, falls man es sich nicht selbst zutraut. Ein älterer Hund verkraftet einen Besitzerwechsel nur schwer. Er braucht dann viel Liebe und genügend Zeit, sich an seine neue Umgebung zu gewöhnen.

Mein Tip: Bei jährlichen Auktionen in Großbritannien stehen trainierte Border Collies zum Verkauf, die bei der Arbeit gezeigt werden. Dabei kann man sich ein gutes Bild von ihren Fähigkeiten machen. Auktionstermine erfahren Sie bei der ISDS (→ Adressen, Seite 62).

Ein oder zwei Hunde?

Hunde sind von Natur aus Rudeltiere und deshalb nicht gern allein. Ein einzeln gehaltener Hund betrachtet normalerweise seinen Herrn und dessen Familie als sein Rudel, dem er sich eng anschließt. Auf diese Weise vermißt er – den regelmäßigen Kontakt mit Artgenossen vorausgesetzt – keinen Hundegefährten. Wenn Ihr Border Collie allerdings mehrere Stunden am Tag allein bleiben muß, sollten Sie überlegen, ob Sie ihm nicht zur Gesellschaft einen Artgenossen gönnen.

<u>Die Haltung mehrerer Hunde:</u> Da sich die Tiere viel miteinander beschäftigen, werden Sie selbst etwas entlastet, obwohl Sie trotzdem tägliche Spaziergänge mit Ihren Hunden machen müssen. Bedenken Sie eventuelle Platzprobleme und die Erhöhung der Kosten für Hundesteuer, Unterhalt und tierärztliche Versorgung. Warten Sie nicht zu lange mit dem Kauf des zweiten Border Collies, sonst kann der Ersthund leicht zu Eifersüchteleien neigen. Zu einem erwachsenen Border Collie gesellen Sie am besten einen Welpen, der vom Älteren meist problemlos akzeptiert wird. Achten Sie darauf, daß Ihr erster Hund stets seine alten Rechte behält, und vernachlässigen Sie ihn nicht zugunsten des Neuankömmlings.

Mein Tip: Kaufen Sie nur gleichgeschlechtliche Hunde, sonst gibt es während der Läufigkeit der Hündin Probleme.

Auch Spielen macht müde. Welpen brauchen viel Schlaf und sollten deshalb in den ersten Wochen nicht überfordert werden.

Der Border Collie als Familienhund

Der Border Collie ist ein widerstandsfähiger, sehr gelehriger Hütehund mit großem Arbeitseifer. Sowohl geistig als auch körperlich lebhaft und aktiv, bringt dieser Hund seinem Herrn große Loyalität und Treue sowie unbedingten Gehorsam entgegen. Von Anbeginn an wurde der Border Collie nur zu dem Zweck gezüchtet, seinen Herrn bei der Hütearbeit zu unterstützen.

<u>Die Ansprüche dieser Rasse:</u> Der Border Collie hat das Hüten im Blut und findet die wahre Erfüllung seines Lebens nur, wenn er diesem Hüteinstinkt folgen und an Schafen oder anderen Herdentieren (wie zum Beispiel Kühen, Schweinen, Ziegen, Gänsen, Enten oder Hühnern) arbeiten darf. Er braucht täglich ausreichend Beschäftigung, die über körperliche Bewegung allein hinausreicht und auch seinen Verstand fordert. Es würde also fast an Tierquälerei grenzen, diesen intelligenten, eigenständigen Hund zum reinen Familienhund zu degradieren, der nur darauf zu warten hat, daß er 2- oder 3mal am Tag ausgeführt wird.

<u>Der unausgeglichene Border Collie:</u> Wenn er keine Möglichkeiten hat, seine Energien und Fähigkeiten auszuleben, kann der Border Collie gelangweilt und frustriert anderweitige Aktivitäten oder Verhaltensmerkmale an den Tag legen, die Ihnen nicht gefallen werden. Viele unausgelastete Border Collies entwickeln sich zu regelrechten Tyrannen, die ihre Familie durchaus zur Verzweiflung treiben können. Wenn Sie Ihrem Border Collie also kein rassegerechtes Leben ermöglichen können, wäre es günstiger für Sie und den Hund, eine weniger anspruchsvolle Rasse auszuwählen.

<u>Der Border Collie als Familienhund:</u> Bisweilen kommt es vor, daß ein junger Border Collie sich nicht für Schafe interessiert und deshalb zur Hütearbeit nicht herangezogen werden kann. Ein Hund mit fehlender Hüteveranlagung ist dann bei einer Familie besser aufgehoben, die den Border Collie anderweitig beschäftigt und keine Arbeit an Schafen verlangt.

Falls Sie einen solchen Hund besitzen wollen, erkundigen Sie sich bei einem

Mit gesenktem Kopf und fixierendem Blick zeigt dieser Border Collie die typische Hütehaltung.

seriösen Züchter. Er kann Ihnen eventuell einen Hund ohne ausgeprägten Hütetrieb vermitteln. Sie werden mit dem Border Collie jedoch nur dann glücklich, wenn Sie seinen Bewegungsdrang und allgemeinen Arbeitswillen auf andere Art befriedigen. Hier bieten sich als Alternativen Breitensport und Agility an (→ PRAXIS Beschäftigung, Seite 38 und 39). Um der Rasse als solcher nicht zu schaden, sollten Sie jedoch mit einem derartigen Hund nicht züchten.

Wie Sie den richtigen Züchter finden
In Deutschland wie auch in den anderen europäischen Ländern entwickeln sich die 2 Zuchtziele (Arbeits-Border-Collie und Show-Border-Collie) immer weiter auseinander (→ Zwei verschiedene Zuchtlinien, Seite 6). Während die einen Züchter weiterhin das Jahrhunderte alte Interesse verfolgen, die Arbeitsfähigkeit des Border Collies zu erhalten und zu verbessern, streben die anderen an, den Hüteinstinkt herauszuzüchten, indem sie nur noch auf

ein äußerlich gefälliges Erscheinungsbild achten. Beide Zuchtziele sind zur Zeit noch im Club für Britische Hütehunde e.V. zu finden, der dem VDH (Verband für das Deutsche Hundewesen) untersteht. Bei der Wahl Ihres Welpen sollten Sie darauf achten, ob Ihr Züchter die Arbeitslinie oder die Schaulinie favorisiert. Anschriften seriöser Züchter teilen Ihnen ISDS oder VDH mit (→ Adressen, Seite 62).

Mein Tip: Eine Vermischung mit den Schaulinien ist von vornherein ausgeschlossen, wenn Sie Ihren Welpen über die ISDS beziehen. Sie besitzt mittlerweile eine weltweite Mitgliederschaft, der sich auch in Deutschland immer mehr Züchter anschließen, um mit britischen Originalpapieren züchten zu können.

<u>Wahl des Züchters:</u> Nehmen Sie sich Zeit, bevor Sie sich entscheiden.
• Besuchen Sie mehrere Züchter und machen Sie sich ein eigenes, kritisches Bild über die Haltungsbedingungen der Hunde.
• Achten Sie darauf, daß die Welpen Familienanschluß haben und nicht in abseits liegenden Räumen weggesperrt sind. Sie werden dadurch mit Menschen vertraut und sind bis zur Abgabe bereits an Besucher oder Haushaltsgeräusche gewöhnt.
• Die Welpen müssen einen gepflegten Eindruck machen. Lassen Sie sich auch die Mutterhündin zeigen.
• Beobachten Sie das Verhalten der Tiere dem Züchter gegenüber: Es sollte entspannt und angstfrei sein.
• Haben Sie Verständnis dafür, wenn der Züchter Ihnen einige Fragen stellt. Schließlich möchte er sich vergewissern, daß seine Welpen in gute Hände kommen und einer glücklichen Zukunft entgegensehen.

<u>Hier sollten Sie nicht kaufen:</u>
• Kaufen Sie Ihren Welpen nicht über Zeitungsannoncen von Hundehändlern, die mehrere Rassen anbieten. Meist handelt es sich dabei um gewissenlose »Hundeproduzenten«, die sich nicht für das Wohl der Tiere, sondern in erster Linie für das schnelle Geld interessieren. Die Welpen sind oft schon gestört, nicht sozialisiert und auch krankheitsanfälliger. Wenn Sie aus Mitleid kaufen, unterstützen Sie nur die verantwortungslose Ausbeutung der Hunde.
• Seien Sie mißtrauisch, wenn Ihnen nur ein Welpe gezeigt wird und Sie keine Möglichkeit haben, die Geschwister, die Mutterhündin und deren Unterbringung zu sehen.
• Lehnen Sie den Kauf ab, wenn die Welpen weit abseits vom Wohnbereich des Züchters im Zwinger aufwachsen. Die kleinen Hunde haben so kaum Gelegenheit, eine vertrauensvolle Beziehung zu Menschen aufzubauen und können zeitlebens scheu und zurückhaltend bleiben.

Der Border Collie ist nicht wählerisch, wenn es darum geht, ein geeignetes Hüteobjekt zu finden. Es kann auch ein Kaninchen sein.

Auswahl eines gesunden Welpen

Lassen Sie sich vom Züchter beraten. Er wird Ihnen den Welpen empfehlen, der seiner Veranlagung und seinem Temperament nach am ehesten Ihren Wünschen entspricht. Sie selbst können auf das Verhalten der Welpen und ihren Gesundheitszustand achten.
• Ein gesunder Welpe ist neugierig, lebhaft und verspielt. Er stürmt herbei, wenn er den Züchter sieht, und bleibt nicht apathisch in einer Ecke hocken.

• Der Welpe hat einen gesunden, kräftigen Knochenbau, gerade Hinterläufe und ein rundes, festes Bäuchlein. Ein aufgeblähter Bauch deutet auf Wurmbefall hin.
• Das Fell ist wollig und glänzt. Es darf nicht zottelig oder schmutzig sein.
• Die Augen des Welpen sind blank und nicht verklebt oder entzündet.
• Die Ohren sind sauber. Häufiges Kratzen weist auf eine Krankheit oder auf vernachlässigte Pflege hin.

Der Kaufvertrag

Bestehen Sie beim Kauf des Hundes auf einem Kaufvertrag. Er sichert Käufer und Züchter rechtlich ab. Auch bei gerichtlichen Auseinandersetzungen ist der Kaufvertrag nützlich. Er sollte folgende Punkte enthalten:
• Name und Anschrift von Käufer und Verkäufer;
• Name, Geschlecht und Geburtsdatum sowie ISDS-Registrationsnummer oder VDH-Zuchtbuchnummer; Tätowierungsnummer des Welpen;
• Welpenpreis und Übergabedatum;
• Bestätigung vom Züchter, daß der Welpe am Abgabetag keine Krankheit, erkennbare Erbschädigung oder einen zuchtausschließenden Fehler hat.
Bei vorsätzlicher Täuschung über diese Punkte steht Ihnen laut Gesetz ein Rückgaberecht zu.

Impfpaß und Entwurmung

Laut VDH-Vorschrift muß jeder Welpe vor dem Verkauf die erste Grundimpfung erhalten (→ Schutzimpfungen, Seite 49). Alle Impfungen werden in den Internationalen Impfpaß eingetragen, der Ihnen bei der Übergabe des Welpen ausgehändigt wird. In der Regel wurde der Welpe beim Züchter auch schon entwurmt (→ Entwurmung, Seite 49). Erkundigen Sie sich, wie oft und mit welchem Mittel die Wurmkuren erfolgten.
Mein Tip: Lassen Sie Ihren Welpen nach dem Kauf nochmals gründlich vom Tierarzt untersuchen. Mit ihm können Sie weitere notwendige Termine vereinbaren.

Die Ahnentafel

Die Ahnentafel ist eine Urkunde im juristischen Sinne und weist den eingetragenen Käufer als rechtmäßigen Besitzer des Hundes aus. Das Dokument enthält Name und Herkunft Ihres Welpen sowie 5 Generationen der Vorfahren und wird Ihnen beim Abholen des Welpen ausgehändigt.
Achten Sie darauf, daß die Ahnentafel von der ISDS oder vom Club für Britische Hütehunde e.V. ausgestellt wurde. Dies ist wichtig, wenn Sie später mit Ihrem Border Collie züchten wollen.

Eingewöhnung und Alltag

Endlich ist es soweit! Mit 8 bis 9 Wochen hat der Welpe das Alter erreicht, in dem er den Besitzer wechselt. Damit Sie Ihrem neuen Hausgenossen nicht ganz so fremd sind, können Sie ihn – falls möglich – vorher schon mehrmals besuchen und den Züchter bitten, dem Welpen einen alten Pullover von Ihnen ins Körbchen zu legen. So hat er genügend Zeit, sich mit Ihrem Geruch vertraut zu machen, bis er schließlich in sein zukünftiges Heim kommt.

Der Transport nach Hause
Am besten holen Sie den Welpen zu zweit und mit dem Auto ab, so können Sie den Kleinen bei seiner ersten großen Fahrt auf dem Schoß halten und beruhigen. Meist wird der Welpe nach kurzer Zeit durch die Fahrgeräusche müde und schläft ein. Es kann vorkommen, daß er vor Aufregung erbricht. Halten Sie deshalb ein Handtuch und eine Rolle Küchenpapier für alle Fälle bereit. Nehmen Sie auch frisches Wasser, einen Napf und Hundebisquits mit.
Bei längeren Fahrten empfiehlt sich etwa stündlich eine kurze Pause. Legen Sie dem Welpen eine leichte Leine um und gehen Sie ein paar Schritte mit ihm, damit er sein Geschäft verrichten kann. Wählen Sie dafür einen Platz, der nicht so stark von anderen Hunden benutzt wurde, denn Ihr Welpe hat noch keinen wirksamen Impfschutz (→ Impfen, Seite 49) und könnte sich eine Krankheit zuziehen. Anschließend bieten Sie ihm etwas Wasser und einen Hundekuchen zum Knabbern an.

Die ersten Tage und Nächte
In Ruhe einleben: Bringen Sie den Welpen möglichst am Vormittag nach Hause, damit er bei Tageslicht sein Heim kennenlernen kann. Lassen Sie ihm in den ersten Stunden viel Zeit, die neue Umgebung zu erkunden. Er soll nach Herzenslust entdecken, schnüffeln und beobachten dürfen.
Das Eingewöhnen erleichtern: Die Umstellung auf das neue Zuhause ist für den Welpen verwirrend. Gerade jetzt braucht er deshalb viel Aufmerksamkeit und Liebe. Beschäftigen Sie sich intensiv mit ihm und vermeiden Sie Hektik und Unruhe. Kinder sollten nicht sofort auf den Welpen zustürzen, und auch Besuch von Bekannten verschieben Sie besser auf später.
Die erste Nacht: Tagsüber abgelenkt durch die vielen neuen Eindrücke, wird sich der Welpe in der ersten Nacht sicher etwas verloren vorkommen, da er zum ersten Mal getrennt von Mutter und Wurfgeschwistern ist. Wahrscheinlich wird ein Jammern nicht ausbleiben. Legen Sie ihm am besten Ihren alten Pullover, an den er sich schon bei seinem Züchter gewöhnt hat, auf sein Lager, so daß er einen bereits vertrauten Geruch um sich hat. Mit einem kleinen Kauknochen kann er sich die Zeit vertreiben. Auch ein gefüllter Futter- und Wassernapf müssen in der Nähe bereitstehen.
Mein Tip: Lassen Sie sich nicht dazu erweichen, den Welpen in Ihr Bett zu nehmen. Wenn er einmal die Annehmlichkeiten genossen hat, wird er auch später nicht darauf verzichten wollen.

Nach einem anstrengenden »Arbeitstag« bietet die ausgediente Badewanne eine gute Möglichkeit, sich abzukühlen.

Sollen wir Freunde werden? Kinder und Welpen verstehen sich immer.

Stubenreinheit

Wenn Sie auf dem Land wohnen und Ihr Welpe jeweils nach dem Fressen und Schlafen selbständig ein Plätzchen im Grünen aufsuchen kann, wird er wahrscheinlich von allein stubenrein. Hat Ihr Kleiner diese Möglichkeit nicht, müssen Sie ihn sofort hinaussetzen, nachdem er gefressen hat. Loben Sie ihn, wenn er sein Geschäft verrichtet hat, und nehmen Sie ihn wieder mit ins Haus. In den ersten Wochen sollte sich ein Welpe tagsüber alle 2 bis 3 Stunden und stets nach dem Schlafen erleichtern können.

Ein Bedürfnis kündigt der Welpe an durch unruhiges Verhalten und aufgeregtes Schnüffeln am Boden; er dreht sich um sich selbst, krümmt den Rücken und drückt; er läuft zur Tür oder sitzt abwartend davor.

Mein Tip: Passiert ein »Malheur« im Haus, die Stelle gründlich reinigen, damit der Welpe diesen Platz nicht immer wieder benutzt. Einige Tropfen Essig neutralisieren den Geruch.

Die richtige Grundausstattung

Eine Grundausstattung für Ihren Hund sollten Sie bereits besorgen, bevor der Welpe zu Ihnen nach Hause kommt.

Halsband und Leine für den Welpen sollten möglichst schmal und leicht, am besten aus textilem Material sein. Stellen Sie das Halsband so ein, daß es dem Hund nicht über den Kopf rutscht, und Sie einen Finger zwischen Hals und Band stecken können. Der ältere Hund bekommt ein schmales Lederhalsband und eine Lederleine mit Stoppring. Achten Sie darauf, daß das Halsband nicht zu breit ist, da sonst die langen Haare der Halskrause beschädigt werden.

Futter- und Wassernäpfe müssen stabil, standfest und leicht zu reinigen sein. Deshalb eignen sich Edelstahl- oder Keramikgefäße am besten. Eine Gummileiste an der Unterseite der Näpfe verhindert das Wegrutschen.

Spielzeug braucht jeder Welpe, um seinen Spieltrieb zu befriedigen. Ein alter Handfeger, ein Lappen, alte Socken mit einem Knoten darin, ein Tennisball oder ein Ziehtau werden ihm gefallen. Sehr wichtig sind auch Büffelhautknochen zum Kauen, weil der Welpe mit 4 bis 5 Monaten seine Milchzähne verliert und beim Zahnwechsel alles Verfügbare anknabbert.

Futter sollten Sie in Absprache mit dem Züchter kaufen. Erkundigen Sie sich vorab, welche Nahrung Ihr Welpe bei seinem Züchter erhielt. Falls Sie die gleiche Welpenkost nicht besorgen können, wird der Züchter Ihnen sicher eine kleine Menge seines Futters mitgeben. Mischen Sie dieses anfangs mit Ihrem Futter, damit der Welpe sich allmählich an die neue Sorte gewöhnt. Vermeiden Sie unbedingt eine zu krasse Futterumstellung, da Welpen darauf oft mit Verdauungsstörungen reagieren.

Pflegeutensilien zur Fellpflege beschränken sich beim Welpen auf eine Bürste mit Naturborsten. Zur Pflege des älteren Hundes benötigen Sie zusätzlich einen Metallkamm und eine Drahtbürste. (→ PRAXIS Fellpflege, Seite 42).

Das Lager kann aus einer Decke oder einem alten Stück Teppich als Schlafunterlage in einer stabilen Hundehütte bestehen, sofern Ihr Border Collie seinen Ruheplatz nicht im Stroh oder Heu eingerichtet bekommt. Falls er in Ihrer Wohnung schläft, können Sie ihm natürlich auch einen Schlafkorb anbieten, der so groß sein muß, daß sich Ihr Hund bequem darin ausstrecken kann.

Die Grundausstattung: ① Hundehütte, ② Näpfe, ③ textiles Halsband für den Welpen, ④ Lederhalsband für den älteren Hund, ⑤ Leine, ⑥ Ball, ⑦ Büffelhautknochen, ⑧ Ziehtau.

Gefahrenquellen

In der Wohnung, im Haus oder Garten gibt es einige Gefahrenquellen für Ihren Welpen, die Sie beseitigen sollten, bevor er ins Haus kommt.

Treppen: Auf steilen, glatten Treppen könnte der Welpe ausrutschen und stürzen. Deshalb glatte Treppen mit einem Teppichboden versehen. Das Treppenlaufen mit dem Welpen üben.

Balkon: Um die Absturzgefahr zu verhindern, den Balkon mit einem Netz oder einer Verblendung absichern.

Niedrige Fensterbrüstung: Wegen Absturzgefahr Fenster nur kippen; Hund bei offenen Fenstern beaufsichtigen.

Elektrokabel und Steckdosen: Der Hund könnte die Kabel annagen oder durchbeißen und dabei einen tödlichen Stromschlag erhalten. Deshalb Leitungen unter Putz verlegen oder Stromführung unterbinden. Steckdosen mit Kindersicherung abdecken.

Spitze Gegenstände: Scherben, Nägel und Nadeln niemals herumliegen lassen. Der Hund könnte sie verschlucken oder sich an den Pfoten verletzen.

Kinderspielzeug: Das Verschlucken von Plastikteilen kann zu einem lebensgefährlichen Darmverschluß führen. Deshalb keine kleinen Spielsachen herumliegen lassen.

Chemikalien und Putzmittel: Immer gut verschlossen und für den Hund unerreichbar aufbewahren. Im Garten auf chemische Unkrautvernichter, Schädlingsbekämpfungs- und Pflanzenschutzmittel verzichten.

Giftige Topf- und Gartenpflanzen: Auf Giftpflanzen verzichten oder für den Hund unerreichbar anpflanzen.

Gartenteich, Swimmingpool: Der Welpe könnte hineinfallen und ertrinken. Teich oder Pool durch einen Zaun oder ein Netz absichern. Zusätzlich Kletterhilfen in den Gartenteich einbauen. Den Hund im Garten beaufsichtigen.

Umzäunung: Damit der Hund nicht weglaufen kann, ist es wichtig, den Garten zu umzäunen. Ein ausbruchsicherer Zaun muß mindestens 1,50 m hoch und am Boden gegen Durchgraben gesichert sein.

Anbinden des Hundes: Wird der Border Collie angebunden, sei es zu Hause oder beim Trial, unbedingt darauf achten, daß er sich nicht selbst erdrosseln kann, indem er zum Beispiel über eine Hecke, Mauer oder einen Zaun springt, während er angeleint ist.

Autos: Ein großes Problem bei Border Collies ist – bedingt durch ihren Hütetrieb – die Neigung, hinter einem Auto herzulaufen, es zu überholen und zum Anhalten zu bewegen. Bereits dem jungen Hund muß dieses lebensgefährliche Verhalten deutlich verboten werden. Als Abschreckung empfehle ich folgendes: Eine Person wirft einige an einem starken Bindfaden aufgereihte Konservendosen aus dem langsam fahrenden Auto, sobald Ihr Hund, den Sie an der Leine halten, hinter diesem Auto herlaufen will. Das klappernde Geräusch der Dosen und Ihr gleichzeitiges, ruckartiges Ziehen an der Leine werden den Hund so erschrecken, daß er in Zukunft wahrscheinlich keine Fahrzeuge mehr jagen wird. Notfalls muß diese Maßnahme mit verschiedenen Autos wiederholt werden.

Der Border Collie und Kinder

Für einen Welpen ist es unnatürlich, alleine aufzuwachsen. Ebenso wie Kinder müssen junge Hunde spielen, zanken und Dampf ablassen können, um zu ausgeglichenen Wesen heranzuwachsen. Was liegt hier näher, als daß – wenn Kinder im Hause sind – diese mit dem Vierbeiner spielen. So haben beide etwas davon: Der Geist des Welpen wird angeregt, er bekommt ein vertrauensvolles Verhältnis zu Men-

schen. Das Kind lernt mit einem Lebewesen umzugehen, das nicht die menschliche Sprache spricht.
Bitte nicht zu stürmisch! Da Border Collies sehr sensibel sind, sollten Sie den Umgang Ihrer Kinder mit dem Hund zunächst beaufsichtigen und allzu übermütige Annäherungen bremsen. Kinder müssen frühzeitig lernen, daß das Tier ein eigenständiges Wesen ist, dessen Bedürfnisse und Eigenheiten es zu respektieren gilt.

Der Border Collie und andere Tiere
Man sagt dem Border Collie nach, von der Maus bis zum Elefanten alles zu hüten. Daß er in der Landwirtschaft außer Schafen auch Kühe, Schweine, Ziegen, Enten und Gänse treibt, ist ganz normal. Wenn Sie noch andere Heimtiere haben, werden Sie merken, daß er diese auch als Hüteobjekte betrachtet. Rasch begreift Ihr Border Collie aber, daß er keinem Tier, das zum Haushalt gehört – egal ob Hund, Katze, Kaninchen, Meerschweinchen, Hamster oder Wellensittich – etwas tun darf. Er setzt sich höchstens aus Langeweile vor Ihren Kanarienvogel, um diesen zu »hüten«. Bedenken Sie aber, daß der Hütetrieb des Border Collies ein »gebremster« Jagdtrieb ist. Es kann also durchaus passieren, daß Ihr Hund sich eine zusätzliche Mahlzeit verschafft, wenn ein Wildkaninchen durch Ihren Garten läuft. Derartige Jagdambitionen sollten Sie dem Hund von Anfang an strikt verbieten.

Mit dem Hund auf Reisen
Nach Möglichkeit sollten Sie Ihren Border Collie auf Reisen mitnehmen. Fern-, Städte- und Kulturreisen sind für ihn jedoch ungeeignet, er bleibt dann besser zu Hause.
Reisen mit dem Auto: Der Border Collie fährt gerne im Auto mit. Er gehört auf den Rücksitz und sollte dort gesichert werden. Lassen Sie sich im Zoofachhandel beraten. Füttern Sie Ihren Hund vor einer längeren Fahrt nicht, es könnte ihm sonst übel werden. Legen Sie alle 2 Stunden eine kurze Pause ein, damit der Border Collie etwas Bewegung bekommt und sich lösen kann. Bei dieser Gelegenheit geben Sie ihm auch zu trinken.
Das Auto als Hitzefalle: In einem in der Sonne abgestellten Auto kann Ihr Hund leicht einen Hitzschlag erleiden. Lassen Sie ihn deshalb nie allein für längere Zeit im Wagen zurück. Muß er einmal kurz im Auto warten, immer im Schatten parken und für ausreichend Luftzufuhr sorgen. Im Zoofachhandel gibt es Gitter, die ins Autofenster eingesetzt werden können.
Hinweis: Vor der Auslandsfahrt Einreisebedingungen für Hunde beachten.

Wenn er daheim bleiben muß
Falls Sie ohne Ihren Border Collie verreisen, sollten Sie jemanden kennen, der sich zuverlässig um den Hund kümmert.

Mit fünf Monaten arbeitet dieser Junghund zwar noch nicht an Schafen, seinen Ball hat er aber stets im Auge.

Die meisten Border Collies apportieren mit Leidenschaft und Ausdauer.

Die beste Lösung ist, wenn jemand vorübergehend bei Ihnen wohnt und den Hund in seiner vertrauten Umgebung versorgt. Wichtig ist, daß der Hund diese Person vorher kennengelernt hat.

Freunde oder Verwandte, die Ihren Border Collie bei sich zu Hause aufnehmen, sollte der Hund ebenfalls vorher schon kennen, ebenso sein neues Heim.

Der Züchter Ihres Hundes ist manchmal auch bereit, ihn in Pflege zu nehmen. Fragen Sie beim Kauf des Welpen danach.

Eine Tierpension sollten Sie sich vorher genau ansehen, bevor Sie Ihren Vierbeiner dorthin geben. Achten Sie auf die anderen Hunde, ob sie einen gepflegten und munteren Eindruck machen. Für einen so eigenständigen Hund wie den Border Collie ist die Zwingerhaltung oft ungewohnt. Besuchen Sie die Tierpension vorher mehrmals mit Ihrem Hund, damit ihm die Umgebung und das Pflegepersonal etwas vertraut werden. Geben Sie ihm gewohnte Gegenstände mit.

Der alte Hund
Border Collies erreichen oft ein Alter von 15 bis 16 Jahren. Häufig bleiben sie bis zum 12. Lebensjahr und darüber hinaus noch aktiv.

Mit etwa 10 Jahren wird Ihr Hund allmählich alt. Sehschärfe und Gehör lassen nach, seine Bewegungen und Reaktionen werden langsamer, er schläft viel. Auch ein alter Border Collie braucht täglichen Auslauf, der aller-

dings der Kondition und den Bedürfnissen des Hundes entsprechen sollte.
Vorsorgemaßnahmen: Futtermenge reduzieren, da Hunde im Alter zur Gefräßigkeit neigen. Regelmäßiges Kämmen und Bürsten des Fells fördert die Atmung und Durchblutung der Haut (→ PRAXIS Fellpflege, Seite 42). Krallen öfter kürzen (→ Kontrolle der Pfoten und Krallen, Seite 40). Regelmäßige Ohrenreinigung beugt Taubheit vor (→ Kontrolle der Ohren, Seite 40).
Der letzte Gang zum Tierarzt: So schwer es auch ist, einen alten Freund zu verlieren, muß doch die wichtigste Überlegung der Lebensqualität des Tieres gelten. Wenn Siechtum und Schmerzen zunehmen, sollte Ihr Border Collie von seinen Leiden erlöst und vom Tierarzt eingeschläfert werden. Erweisen Sie Ihrem Hund den letzten Freundschaftsdienst und bleiben Sie bei ihm, wenn er die Spritze bekommt, dann kann er ruhig einschlafen.

Verhaltensweisen des Border Collies

Hunde haben – wie wir Menschen – eine arteigene Ausdrucksweise, mit der sie sich ihren Artgenossen und ihrer Umwelt gegenüber mitteilen. Diese »Sprache« geht zurück auf das wölfische Erbe. Sie wird von allen Hunden gleichermaßen »gesprochen« und basiert auf optischen, akustischen und geruchlichen Informationen. Wenn Sie Ihren Border Collie genau beobachten, werden Sie feststellen, daß er die gleichen Signale auch im Umgang mit Menschen benutzt. Lernen Sie, seine Sprache zu verstehen.

Die Lautsprache
Hunde verfügen über eine Reihe von Lautäußerungen, die sie benutzen, um ihren Gemütszustand und ihre Wünsche zum Ausdruck zu bringen. Wenn Sie genau zuhören, werden Sie bei Ihrem Border Collie selbst feine Nuancen seiner Laute wahrnehmen.
Bellen: Der Border Collie ist als schweigender Arbeiter bekannt, der beim Hüten nicht bellt. In Haus und Hof dagegen ist er sehr wachsam und meldet Fremde sofort. Ganz anders klingt sein Bellen, wenn Freunde oder Bekannte kommen, und Ihr Hund besondere Streicheleinheiten erwartet. Ein fast hysterisches Kläffen und Jaulen gibt er von sich, wenn Sie einige Tage nicht zu Hause waren und seine Begrüßungsfreude überhand nimmt.
Knurren: Diesen Laut läßt der Border Collie zur Warnung hören, wenn ihm zum Beispiel ein Knochen weggenommen wird oder wenn er einem Artgenossen droht. Manchmal knurrt er auch aus Eifersucht, wenn ein anderer Hund sich die Zuneigung seines Herrn erschleichen will.
Winseln: Vor allem Welpen und junge Hunde winseln, wenn sie betteln oder ihre Unterwürfigkeit demonstrieren. Es ist auch ein Ausdruck von Schmerz.
Heulen: Dieser Urlaut signalisiert Einsamkeit. Er geht auf das wölfische Erbe zurück, da ein vom Rudel getrennter Artgenosse damit auf sich aufmerksam macht.

Die Körpersprache
Ihr Border Collie kommuniziert in erster Linie durch seine Körpersprache. Sie drückt sich aus in der Haltung des Körpers, der Ohren und der Rute sowie in seiner Mimik.
Arbeitshaltung: Mit tief geduckter Körperhaltung, schleichenden Bewegungen und fast hypnotisch fixierendem Blick dirigiert der Border Collie »seine« Schafe in die gewünschte Richtung. Manchmal genügt schon

eine zentimeterweise Verlagerung seines Gewichtes von einem Bein auf das andere, um die Schafe zu einem Richtungswechsel zu bewegen.

Spielaufforderung: Der Hund legt die Vorderläufe auf den Boden und reckt sein Hinterteil leicht in die Höhe. Oft begleitet freudiges Bellen diese Geste. Nehmen Sie die Aufforderung an und spielen Sie mit Ihrem Border Collie.

Unterwerfung: Wenn sich der Border Collie auf den Rücken legt, demonstriert er mit dieser instinktiven Demutsgebärde bei Auseinandersetzungen mit Artgenossen seine Unterwürfigkeit. Der Stärkere wird dadurch veranlaßt, sofort von seinem Gegner abzulassen. Junge Hunde legen sich auf den Rücken, wenn sie ältere treffen. Ihnen zeigt der Hund durch diese Geste, daß er sich sicher fühlt oder sich Ihnen unterwirft.

Die Signale der Ohren: Nach vorn aufgerichtete Ohren zeigen Aufmerksamkeit und Interesse an, leicht seitlich getragene Ohren signalisieren Entspannung. Nach hinten angelegte Ohren bedeuten Freundlichkeit, wenn ein »lachender« Gesichtsausdruck damit verbunden ist. Werden gleichzeitig die Zähne gefletscht, weisen sie auf Aggression und Angriffsbereitschaft hin.

Die Signale der Rute: Wedeln bedeutet Freude und Freundlichkeit. Je mehr sich Ihr Border Collie freut, um so heftiger wedelt er mit der Rute. Eine hängende oder waagerechte Rute drückt Gelassenheit und Entspannung aus. Eine hoch über dem Rücken getragene Rute signalisiert Selbstbewußtsein, Aufmerksamkeit oder Erregung. Die eingezogene Rute kann Angst bedeuten, weist aber beim Hüten auf höchste Konzentration hin. Arbeitet ein Border Collie dagegen mit hochgehaltener Rute, so ist das ein Zeichen mangelnden Hüteinstinktes.

In spielerischen Raufereien üben junge Hunde die Verhaltensweisen von Drohung und Unterwerfung.

Die Welt der Düfte

Schnüffeln: Hunde haben eine sehr feine Nase und entnehmen aus den Gerüchen ihrer Umgebung mannigfaltige Informationen, die uns Menschen verschlossen bleiben. Mit Begeisterung und Ausdauer schnüffeln Hunde deshalb alles ab. Besonders interessant sind Hinterlassenschaften oder Urinmarken von Artgenossen, die regelrecht wie eine Zeitung »gelesen« werden. Auch die Düfte der Menschen weiß ein Hund zu deuten: Er riecht, ob jemand freundlich, ängstlich oder wütend gestimmt ist.

Markieren: Rüden markieren ihr Revier, indem sie an Bäumen, Pfosten oder Häuserecken etwas Urin absetzen. Der nächste Rüde, der vorbeikommt, hinterläßt seine »Visitenkarte«, indem er den Geruch des Vorgängers mit der eigenen Duftmarke überdeckt. Hündinnen markieren nur während ihrer Läufigkeit, um ihre Paarungsbereitschaft zu signalisieren und Rüden anzulocken.

Erziehung und Spiel

Wie der Wolf im Wolfsrudel benötigt auch der Hund einen Führer, den er respektieren und dem er folgen kann. Es liegt in seiner Natur, die Position des Rudelführers immer wieder herauszufordern, um sich selbst an die Spitze zu stellen. Dies darf natürlich nicht gelingen. Im »Menschenrudel« übernehmen Sie die Führerrolle, die mit Konsequenz und etwas Autorität Ihrem Hund gegenüber durchgesetzt werden muß. Ihr Border Collie wird dies akzeptieren, wenn er von Anfang an daran gewöhnt wird, sich unterzuordnen.

Erziehungsregeln

Um Ihren Welpen erfolgreich zu erziehen, müssen Sie und Ihre Familie einige Grundregeln beherzigen.

Nur eine Person erzieht. Einigen Sie sich innerhalb der Familie, wer die Erziehung des Welpen übernimmt. Später können auch die anderen Familienmitglieder mit dem Welpen üben.

Konsequenz ist unerläßlich. Ihr Border Collie erwartet klare Regeln, nach denen er sich richten kann. Dazu ist in erster Linie Konsequenz und ein gewisses Maß an Autorität nötig. Besprechen Sie in der Familie, was Ihrem Vierbeiner absolut verboten werden soll (zum Beispiel im Bett schlafen, am Tisch betteln). Der Welpe gerät durcheinander, wenn seine Grenzen nicht ständig in der gleichen Art und von allen Familienmitgliedern eingehalten werden.

Klare Kommandos sind wichtig. Nur wenn Sie stets die gleichen prägnanten Kommandos verwenden, kennt sich der Hund aus. Alles andere verwirrt ihn.

Regelmäßig üben. Lassen Sie zwischen den einzelnen Übungseinheiten nicht zu viel Zeit verstreichen, wiederholen Sie die Befehle regelmäßig. Welpen lassen sich leicht ablenken und vergessen mitunter ein Kommando, wenn sie es länger nicht mehr gehört haben.

Erziehung in kleinen Schritten

Erziehung von Anfang an: Vom ersten Tag an, wenn der Welpe ins Haus kommt, sollten Sie mit seiner Erziehung beginnen. Die Zeit zwischen der 8. und 16. Lebenswoche ist für die geistige Entwicklung eines Hundes sehr wichtig. Schon jetzt kann der Welpe lernen, an der Leine zu gehen, sich zu setzen, zu legen und zu kommen (→ PRAXIS Erziehung, Seite 34 und 35).

Lernen ohne Druck: Die ersten Übungen sollten stets in spielerischer Form und ohne jeglichen Zwang ablaufen. Beste Resultate erzielen Sie, wenn die Erziehung Ihrem Hund Freude macht.

Geduld als Schlüssel zum Erfolg: Überfordern Sie den Welpen nicht, indem Sie etwas von ihm erwarten, was über sein Fassungsvermögen hinausgeht. Stellen Sie ihm leichte Aufgaben und loben Sie ihn, wenn er es gut macht. Bedenken Sie auch, daß ein Welpe noch viel Schlaf braucht. Verlangen Sie also nie von Ihrem kleinen Hund weiterzuüben, wenn seine Spiellust und seine Konzentration bereits deutlich nachlassen. Bis zum 6. Lebensmonat genügt es, wenn Sie mit dem Welpen 2- bis 3mal am Tag wenige Minuten üben. Dann allmählich die Erziehungseinheiten erhöhen.

Diese Border-Collie-Hündin zeigt aus der Reihe der vielfältigen Fellvariationen eine seltenere Variante: Sie ist schwarz-weiß-gesprenkelt.

Der Border Collie ist ein Energiebündel und am liebsten den ganzen Tag aktiv.

PRAXIS
Erziehung

»Zum Lernen ist man nie zu jung«, könnte das Motto für Ihren kleinen Border Collie lauten. Nehmen Sie sich deshalb täglich genügend Zeit und trainieren Sie mit dem Welpen die nachfolgenden Übungen zum Grundgehorsam.

Leinenführigkeit
Im Alter von 10 bis 12 Wochen sollte Ihr Welpe Halsband und Leine kennenlernen. Sie werden überrascht sein, wie schnell er sich daran gewöhnt. Legen Sie ihm ein leichtes Halsband vorerst nur für eine halbe Stunde so an, daß noch ein Finger zwischen Hals und Band paßt. Der Welpe wird daran kratzen und versuchen, es abzustreifen. Wiederholen Sie die Übung so lange, bis der Kleine das Band akzeptiert hat. Bringen Sie dann eine leichte Leine an und lassen Sie den Welpen damit herumlaufen. Beobachten Sie ihn aber dabei, damit er sich nicht verletzt. Nach kurzer Zeit nehmen Sie die Leine auf, tollen mit dem Welpen herum und machen aus der Übung ein munteres Spiel. Ziehen Sie ihn nie gewaltsam an der Leine hinter sich her, er könnte sonst eine Abneigung gegen die Leine entwickeln. Sträubt er sich, beenden Sie die Übung und machen erst am nächsten Tag wieder weiter.

Das Kommando »Komm«
Dieser Befehl wird in vielen verschiedenen Situationen des täglichen Lebens und des Viehhütens benötigt. Der angeleinte Welpe lernt ihn, wenn Sie sich anfangs in geringer Entfernung vor ihn hinhocken, seinen Namen und »Komm« rufen. Läuft er zu Ihnen, wird er gelobt. Gehorcht er nicht, ziehen Sie sachte an seiner Leine. Schimpfen Sie nicht, wenn er nicht sofort folgsam kommt.

Das Kommando »Sitz«
Zeichnung 1
Stellen Sie sich vor Ihren Hund mit einem gefüllten Futternapf in der Hand, den Sie so halten, daß der Welpe nach oben sehen muß. Gleichzeitig sagen Sie »Sitz«. Ihr Hund wird sich automatisch setzen, damit er bequemer nach oben schauen kann. Warten Sie nun einen Moment,

1 Geben Sie das Kommando »Sitz« und halten Sie dabei die Futterschüssel hoch.

2 Bei leichtem Druck der Lefzen gegen seine Zähne öffnet der Hund sein Maul.

bis Sie ihm das Futter geben. Damit der Welpe das Kommando auch ohne Futternapf lernt, den stehenden Hund mit einer Hand am Halsband festhalten und mit der anderen sanft, aber bestimmt sein Hinterteil nach unten drücken. Sagen Sie gleichzeitig »Sitz«. Bleibt der Welpe sitzen, wird er gelobt.

Das Kommando »Aus«
Zeichnung 2
Bei dem mit scharfem Ton gesprochenen Kommando »Aus«, »Pfui« oder »Nein« soll der Hund etwas, das er gerade tut, sofort unterlassen. Um ihn gleichzeitig bei seiner »Missetat« zu erschrecken, kann man dabei in die Hände klatschen. <u>Etwas aus dem Maul nehmen:</u> Mit einer Hand von oben über den Fang des Hundes greifen, mit den Fingern seine Lefzen gegen die Zähne drücken und drohend »Aus« sagen, bis er den Gegenstand fallen läßt. Loben Sie ihn anschließend.

Das Kommando »Platz«

Damit der Hund sich hinlegt, drücken Sie sein Hinterteil herunter und ziehen seine Vorderbeine nach vorne. Gleichzeitig geben Sie den Befehl »Platz«. Falls nötig, zusätzlich sanft seine Schulter niederdrücken. Sobald er liegt, streicheln und loben.

Das Kommando »Bleib«
Zeichnung 3

Mit dem Befehl soll der Hund dort verharren, wo er mit »Platz« gestoppt wurde. Nachdem der angeleinte Border Collie sich hingelegt hat, geben Sie den Befehl »Bleib« und entfernen sich etwas von ihm. Ihre erhobene rechte Handfläche unterstützt das Kommando. Ihr Hund darf Ihnen nicht folgen, bis er mit »Komm« gerufen wird. Bewegt er sich vorher, wird er an den gleichen Platz zurückgesetzt, an dem er sich zuvor niedergelegt hat. Anfangs genügt es, wenn der Welpe nur wenige Sekunden »bleibt«. Allmählich muß die Dauer verlängert und der Abstand zu Ihnen vergrößert werden. Loben Sie ihn, wenn die Übung klappt.

Das Kommando »Bei Fuß«
Zeichnung 4

Mit diesem Kommando soll der Hund lernen, in dem von Ihnen bestimmten Tempo neben Ihnen herzulaufen, wobei seine rechte Schulter sich in Höhe Ihres linken Beines befindet. Bei dieser Übung sollte der Welpe bereits 6 Monate alt und zunächst angeleint sein. Sprechen Sie den Namen Ihres Hundes und geben Sie das Kommando »Fuß«. Gehen Sie forschen Schrittes los. Bleibt Ihr Border Collie zurück, muntern Sie ihn auf mitzukommen. Läuft er voraus, ziehen Sie ihn ruckartig an der Leine zurück. Loben Sie ihn, wenn er wieder neben Ihnen ist. Tendiert er dazu, Ihnen vor die Füße zu laufen, machen Sie einige scharfe Wenden nach links. Läuft er zu weit außen, ziehen Sie etwas an der Leine, wenden plötzlich nach rechts, so daß er sich bemühen muß, Ihnen zu folgen. Bleiben Sie öfters stehen und sagen Sie jedesmal, wenn Sie weitergehen, den Namen des Hundes und »Fuß«. Üben Sie auch Tempoänderungen und Richtungswechsel.

4 Der junge Hund geht brav »bei Fuß« und erwartet aufmerksam den nächsten Befehl.

Alleine bleiben

Es ist nicht artgerecht, einen Hund täglich mehrere Stunden sich selbst zu überlassen. Ein junger Hund muß allerdings lernen, für gewisse Zeit alleine zu bleiben. Üben Sie zunächst nach einem ausgiebigen Spiel oder Spaziergang, wenn Ihr kleiner Border Collie müde ist. Geben Sie ihm einen Kauknochen, mit dem er sich eine Zeitlang gut beschäftigen kann. Verlassen Sie dann die Wohnung für etwa 15 Minuten mit dem Befehl »Bleib«. Falls der Welpe sich ruhig verhält, loben Sie ihn ausgiebig. Jault er während Ihrer Abwesenheit, stürmen Sie in den Raum und befehlen ihm mit »Aus«, sein Jammern einzustellen. Verlängern Sie nach und nach die Zeitabstände, bis Sie wieder zurückkommen.

3 Die erhobene Handfläche unterstützt das Kommando »Bleib«. Der Hund darf seinen Platz erst wieder verlassen, wenn er dazu aufgefordert wird.

Mit dem Ring im Maul durch den Reifen gesprungen, *wendig durch enggesteckte Slalomstange*

Lob und Tadel

Artgerechte Hundeerziehung bedeutet, den Hund zu loben oder zu tadeln, nicht aber zu schlagen oder zu treten.

<u>Belohnung:</u> Wenn Ihr Hund ein Kommando befolgt, zeigen Sie ihm Ihre Freude am besten, indem Sie ihn ausgiebig loben und streicheln. So verbindet Ihr Border Collie die von Ihnen erwünschte Handlung mit einer angenehmen Konsequenz. Bei einer schwierigen Übung können Sie auch mal eine freßbare Belohnung verteilen. Aber keine Regel daraus machen, sonst könnte es sich Ihr Hund angewöhnen, Befehle nur auf ein schmackhaftes Häppchen hin auszuführen.

<u>Strafe:</u> Wenn Ihr Hund gegen eine vereinbarte Regel verstößt, wird er zurechtgewiesen. Dabei ist zu bedenken:

• Ihr Hund versteht eine Bestrafung nur, wenn sie unmittelbar auf eine Missetat erfolgt. Er bringt dann seinen Fehltritt mit dem unangenehmen Erlebnis der Strafe in Zusammenhang.

• Manche Hundebesitzer begehen den Fehler, ihren Welpen nach einer Untat zu sich zu rufen, um ihn dann zu bestrafen. Der Welpe erinnert sich nicht mehr an sein Vergehen, sondern verbindet unweigerlich sein Kommen mit der Zurechtweisung. Rasch lernt er auf diese Weise, besser nicht zu kommen.

• Strafe muß immer artgerecht sein. Schläge sind in keinem Fall richtig.

<u>Tadel nach Hundeart:</u> Meist genügt ein scharfes »Nein« oder »Pfui«. Schreien ist unnötig, da das Gehör eines Hundes normalerweise sehr gut ist. Reicht dies nicht aus, den Vierbeiner am Nackenfell nehmen und kurz durchschütteln (aber nicht hochheben). So maßregelt auch eine Hundemutter ihre Welpen.

schlüpft, das verdient schon Applaus.

Und dann noch mutig durch den Schlauch gekrochen.

Was der Border Collie nicht darf
Schon beim Welpen sollte man darauf achten, daß er sich keine Unarten angewöhnt, da sie ihm später nur schwer wieder auszutreiben sind.
Hüten ohne Ihren Auftrag kommt beim Border Collie bisweilen vor. Das Hüten liegt ihm einfach im Blut, und manchmal ist ein Border Collie in seinem Eifer kaum zu bremsen. Er könnte zum Beispiel alleine zum Vieh gehen oder hinter Autos herlaufen, um diese zu »hüten«. Vielleicht findet Ihr Hund auch plötzlich Spaß daran, Hühner und Katzen zu jagen und sie als »seine Herde« zu betrachten. Verbieten Sie dieses eigenmächtige Hüten wiederholt mit einem energischen »Pfui« oder »Aus«. Gleichzeitig sollten Sie aber auch die Ursachen dieses Verhaltens bekämpfen, das sich meist aus Langeweile entwickelt. Tägliche und ausreichende Beschäftigung Ihres Border Collies ist deshalb sehr wichtig und fördert die Ausgeglichenheit Ihres Hundes.
Betteln bei Tisch ist lästig und sollte von Anfang an unterbunden werden. Geben Sie Ihrem Hund, selbst wenn er noch so treuherzig schaut, nichts vom Tisch. So gewöhnt er sich das Betteln erst gar nicht an. Abgesehen davon sind gewürzte Speisen für ihn sehr ungesund (→ Ernährung, Seite 44).
Hochspringen an Personen ist ebenfalls unangenehm, vor allem wenn Ihr Hund auch Fremde anspringt. Da mit dieser Geste Zuneigung ausgedrückt wird, sollten Sie Ihren Hund nicht bestrafen. Verhindern Sie vielmehr das Hochspringen schon beim Welpen, indem Sie beim Begrüßen in die Hocke gehen und Ihren Hund loben und streicheln.

37

PRAXIS
Beschäftigung

Der Border Collie ist ein aktiver, lebhafter Hund, für den körperliche und geistige Aufgaben ebenso wichtig sind wie Futter und Wasser. Deshalb sollte es Ihnen nicht an Zeit und Gelegenheit mangeln, sich ausgiebig mit ihm zu beschäftigen.

Der Hund als Freizeitpartner
Zeichnung 1
Es bereitet dem Border Collie höchstes Vergnügen, bei allen Ihren Unternehmungen dabei zu sein. Gestalten Sie Spaziergänge oder Wanderungen mit Ihrem Hund interessant und abwechslungsreich. Lassen Sie ihn zum Beispiel Gegenstände apportieren oder über Hindernisse springen. So wird das Ausgehen für ihn zum Erlebnis.
Auch auf Radtouren begleitet Sie der Border Collie gerne. Beachten Sie aber, daß Sie Ihren Hund erst mitnehmen, wenn seine körperliche Entwicklung abgeschlossen ist. Passen Sie Tempo, Dauer und Schwierigkeit der Fahrt dem Trainingszustand Ihres Hundes an.

Hütearbeit
Beim Hüten ist der Border Collie ganz in seinem Element. Falls Sie an Hütetrials teilnehmen, kann Ihr Hund durch spezielles Training weiter gefördert werden, um in den notwendigen Aktionen und Reaktionen am Vieh fit zu bleiben oder sich darin noch zu verbessern.
Verkürzte Kommandos üben: Sobald Ihr Border Collie alle für die Hütearbeit nötigen »Grundmanöver« beherrscht (→ Training, Seite 12), gehen Sie zum erweiterten Training über, bei dem mit vollen und verkürzten Versionen von gesprochenen und gepfiffenen Kommandos gearbeitet wird. Kennt Ihr Hund die Unterschiede, können Sie ihn fein abgestufte Bewegungen ausführen lassen. Entscheiden Sie aber bereits vor dem Training, in welchen Situationen Sie dem Hund die jeweiligen Stimm- oder Pfeifkommandos geben wollen. Gesprochene Kommandos eignen sich besser für nahes, gepfiffene Kommandos für entfernteres Arbeiten. Pfeifkommandos müssen für den Hund auch in verkürzter Version stets leicht zu unterscheiden sein.
Bewegungen verfeinern: Am besten trainieren Sie mit Ihrem Border Collie in der Mitte einer Koppel an Schafen. Erteilen Sie ein Bewegungskommando (zum Beispiel »Vorwärts«) und anschließend, nachdem der Hund sich eine kurze Distanz bewegt hat, das »Platz«- oder »Steh«-Kommando. Sobald der Hund sich nur noch geringfügig vorwärtsbewegt, kann er mit dem »Stop«-Kommando jederzeit gestoppt werden. Bald hat er gelernt, sich auf Ihre Anweisung hin zentimeterweise in jede Richtung zu bewegen.

Agility
Zeichnung 2
Agility kommt aus England und bedeutet so viel wie Geschicklichkeit. Diese Sportart steht

2 Das Laufen auf dem schrägen Laufdiel erfordert Mut und Geschicklichkeit.

allen Hunden offen, der Border Collie jedoch mit seiner Behendigkeit und Intelligenz ist dabei nur schwer zu schlagen.
Parcours mit Hindernissen: Bei Agility muß der Hund fehlerfrei und möglichst schnell auf Anweisung seines Führers, der neben ihm herläuft, einen Parcours absolvieren, der in der Re-

1 Der Border Collie apportiert leidenschaftlich gerne. Hindernisse überspringt er elegant.

3 Flyball: Hat der Hund den Ball geschnappt, geht's zurück über die Hürden zu Frauchen oder Herrchen.

gel 20 Hindernisse umfaßt. Zu Mauer, Viadukt, Tisch und Laufsteg kommen Wippe, fester Tunnel, Schlauch, frei aufgehängter Reifen, Schrägwand und Weitsprung.
Intensive Trainingsarbeit: Bei Agility ist ein schnelles Reagieren auf Namen, Kommandos und Zeichen wichtig. Wer bei Wettkämpfen erfolgreich sein will, muß in der Lage sein, den Hund allein durch seine Stimme und Handsignale zu kontrollieren. Ein solides Unterordnungstraining ist deshalb wichtiger Bestandteil des Agility-Trainings. Kurse dazu bieten viele Hundesportvereine an. Informationen erteilt der VDH (Verband des Deutschen Hundewesens; → Adressen, Seite 62).

Flyball
Zeichnung 3
Bei dieser Sportart aus Amerika starten zwei Mannschaften mit je vier Hunden parallel. Jeder Hund muß eine Strecke von 16 Metern laufen und dabei vier kleinere Hürden überwinden. An der Flyball-Box angelangt, muß er den Hebel niedertreten, den herausgeschleuderten Ball fangen und damit so schnell wie möglich über die vier Hürden zurücklaufen. Hat er die Ziellinie fehlerfrei überquert, startet der nächste Hund der Gruppe. Sieger-Team ist, welches die Staffel am schnellsten beendet.

Breitensport (Turniersport)
Beim Breitensport kommt es neben Geschicklichkeit von Hund und Besitzer auf den Gehorsam des Hundes oder seine Witterungsfähigkeit an. Wettkämpfe werden in 4 Disziplinen ausgetragen:
• Vierkampf: Gehorsamsübungen, Hürdenlauf, Slalomlauf und Hindernisparcours.
• Sechskampf: Zusätzlich zum Vierkampf werden Witterungsfähigkeit des Hundes sowie Gegenstandbewachen geprüft.
• Geländelauf-Turnier: Hundeführer und Hund absolvieren einen 2000- oder 5000-m-Lauf.
• Hindernislauf-Turnier: Der Hund muß 8 Hindernisse auf einer Strecke von 75 m Länge überspringen.

Die Bewertung der einzelnen Disziplinen erfolgt entweder nach Fehlerfreiheit oder Schnelligkeit. Über Übungsplätze und Wettkampftermine informieren Hundevereine oder der VDH (→ Adressen, Seite 62).

Obedience
Zeichnung 4
Obedience bedeutet Gehorsam und hat seinen Ursprung in England und Amerika. Border Collies wurden erst in letzter Zeit für diesen Sport entdeckt, bei dem die Gehorsamkeit des Hundes geprüft wird. Neben der Beherrschung verschiedener Kommandos wie »Sitz«, »Steh« »Platz« und »Bleib« muß der Hund seine Leinenführigkeit nachweisen, apportieren und Nasenarbeit leisten. Zur Demonstration seiner Witterungsfähigkeit muß der Hund von 5 gleichartigen Gegenständen jenen auswählen, der seinem Führer gehört. Der VDH informiert, wo man Obedience trainieren kann (→ Adressen, Seite 62).

4 Aus 5 gleichartigen Gegenständen muß der Hund den Ball seines Frauchens herausfinden.

Tägliche Pflege und Kontrolle

Die regelmäßige Pflege Ihres Hundes verhilft ihm nicht nur zu größerem Wohlbefinden, sondern dient auch der Gesundheitsvorsorge und trägt dazu bei, erste Krankheitsanzeichen rechtzeitig zu erkennen und zu behandeln.

Früh übt sich...
Die frühe Bekanntschaft mit den Pflegeprozeduren ist für einen Welpen sehr wichtig, wenn er sich die Pflege später gefallen lassen soll. Er lernt stillzuhalten und stehenzubleiben, während Sie ihn bürsten, Zähne und Ohren inspizieren, Augensekret entfernen und im Fell nach Zecken und anderem Ungeziefer Ausschau halten. Üben Sie alle Handgriffe gleich vom ersten Tag an, wenn der Welpe zu Ihnen nach Hause kommt, dann wird es auch mit dem erwachsenen Hund keine Schwierigkeiten geben.

Kontrolle der Augen
Geringe Sekretproduktion in den Augenwinkeln nach dem Schlafen ist harmlos, sollte aber täglich mit einem spitz zugedrehten Papiertaschentuch entfernt werden. Dabei stets von innen nach außen wischen.
<u>Krankheitsanzeichen:</u> Eitriger Ausfluß und tränende Bindehäute benötigen tierärztliche Behandlung.

Kontrolle der Ohren
Die Ohren des Hundes sollten regelmäßig untersucht werden. Verschmutzte Ohrmuscheln lassen sich mit Hilfe eines feuchten Tuches leicht reinigen. Mit einem spitz zugedrehten Papiertaschentuch und etwas Babyöl entfernt man Ohrenschmalz aus dem Innenohr. Die Reinigung der empfindlichen tieferen Gehörgänge dem Tierarzt überlassen, da dabei die Verletzungsgefahr des Hundes zu groß ist.
<u>Krankheitsanzeichen:</u> Wenn die Ohren Ihres Hundes übel riechen und er häufig den Kopf schüttelt, deutet das auf eine Infektion oder einen Befall mit Ohrmilben hin. Sie sollten in diesem Fall umgehend den Tierarzt aufsuchen.

Kontrolle der Zähne
Kontrollieren Sie die Zähne Ihres Hundes regelmäßig auf Zahnstein, der als kompakter bräunlicher Belag am Zahnhals zu erkennen ist. Er bildet sich als Folge von zu weicher Nahrung und muß vom Tierarzt entfernt werden. Vorbeugend sollte Ihr Hund täglich nach der letzten Mahlzeit einen harten Hundekuchen zur Zahnpflege kauen. Auch das Nagen an Knorpelknochen vom Rind hilft, die Zähne sauberzuhalten (→ Nagen ist gesund, Seite 46).
<u>Krankheitsanzeichen:</u> Entzündetes Zahnfleisch muß vom Tierarzt behandelt werden.

Kontrolle der Pfoten und Krallen
Untersuchen Sie die Pfoten Ihres Hundes regelmäßig auf Risse in den Ballen. Gegebenenfalls die Ballen mit Vaseline einreiben. Bei großer Hitze im Sommer asphaltierte Straßen meiden, da der Hund sich die Pfoten verbrennen kann. Im Winter kann Streusalz die Ballen verätzen. Zum Schutz die Pfoten mit Vaseline einfetten.

Wenn sich Ihr Hund häufig kratzt, kann dies auf einen Parasitenbefall hindeuten. Untersuchen Sie ihn gründlich.

Geduldig läßt sich der Border Collie kleine Filzknötchen aus dem Fell entfernen.

<u>Zu lange Krallen</u> müssen regelmäßig gekürzt werden, falls sie sich nicht durch häufiges Laufen auf hartem, steinigem Boden von selbst abnutzen. Wenn Sie die Krallen Ihres Hundes auf dem Fußboden klicken hören, sind sie zu lang. Im Fachhandel gibt es eine spezielle Krallenschere, mit der Sie die Krallen selbst kürzen können. Lassen Sie sich aber zuvor vom Tierarzt oder einer kundigen Person zeigen, wie Sie vorgehen müssen, damit Sie eine Verletzung des Hundes vermeiden.

Reinigung der Analdrüsen
Die Analdrüsen zu beiden Seiten des Afters sondern eine schmierige Substanz ab, wenn der Hund sich entleert. Einige Hunde neigen dazu, daß ihre Drüsen verkleben, was ihnen großes Unbehagen verursacht. Sie rutschen dann mit ihrem Hinterteil über den Boden, um die Verklebung zu lösen. Um die Analdrüsen zu reinigen, Gummihandschuhe anziehen und Drüsen zwischen Daumen und Zeigefinger auspressen. Vom Tierarzt zeigen lassen.

PRAXIS
Fellpflege

Pflegeaufwand
Wie oft Ihr Hund gebürstet werden muß, hängt von der Fellänge und den Aktivitäten des Hundes ab. So braucht das Fell eines langhaarigen Border Collies, der die meiste Zeit des Tages im Freien zubringt und an Schafen arbeitet, sicherlich

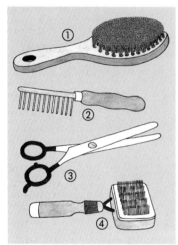

1 Für die Fellpflege brauchen Sie eine Bürste mit Naturborsten ①, einen Metallkamm ②, eine Schere ③ und eine Drahtbürste ④.

mehr Pflege. Tägliches Bürsten schadet nicht. Ihr Hund wird neben der Körpermassage auch genießen, daß Sie sich so intensiv mit ihm beschäftigen.
An Pflegeutensilien benötigen Sie eine Drahtbürste, eine Bürste mit Naturborsten, einen Metallkamm mit stumpfen Zinken sowie eine Schere mit abgerundeten Spitzen (→ Zeichnung 1).

Kämmen und Bürsten
Zeichnung 2
Vorbereitung: Suchen Sie zunächst das Fell Ihres Hundes nach Kletten und ähnlichen Dingen ab, die sich im Fell verfangen haben. Kleine Haarknoten löst man mit den Fingern, Verfilzungen hinter den Achseln und an den Innenseiten der Schenkel werden vorsichtig mit der Schere abgeschnitten.
Kämmen: Haarknötchen an den seidigen Haaren hinter den Ohren und an der »Reithose«, den langen Haaren an den Hinterläufen, behutsam mit dem Metallkamm lösen. Nur während des Fellwechsels darf der Hund am ganzen Körper gekämmt werden, damit lose Haare ausfallen. Ansonsten zieht der Kamm aus dem Fell zuviel Unterwolle heraus, die ein wichtiger Kälte- und Nässeschutz ist.
Bürsten: Zunächst das Fell mit der groben Drahtbürste mit und gegen den Strich bürsten. Erst wenn das ganze Fell frei von Verknotungen ist, die Bürste mit Naturborsten benutzen, um das Haarkleid aufzulockern und die Haut gleichzeitig dabei zu massieren. Begonnen wird am Kopf des Hundes und anschließend über seinen Rücken zu den Flanken hin gestrichen. Dabei immer erst die oberen Haarschichten glätten, bevor die tieferen Fellschichten bearbeitet werden. Die langen Haare an den Vorder- und Hinterläufen von unten nach oben bürsten. Erst zum Schluß kommen die langen Haare an der Rute an die Reihe.

Haare schneiden
Zeichnung 3
Einem langhaarigen Border Collie können Sie die Haare an den Hinterläufen vom Sprunggelenk abwärts bis zur Pfote schneiden. Zweckmäßig ist auch die Entfernung der Haare zwischen den Pfotenballen. Ihr Border Collie trägt dann weniger Schmutz ins Haus.

Baden – ja oder nein?
Grundsätzlich sollten Sie Ihrem Hund ein Vollbad ersparen, weil dabei aus dem Fell die Fette herausgespült werden, die das Haar versiegeln und den Hund vor Wind und Wetter schützen.
Alternative zum Bad: Wahrscheinlich wird Ihr Border Collie, wenn er draußen war, überwiegend an Vorder- und Hinterläufen sowie am Bauch schmutzig sein, so daß es meist genügt, ihn an diesen Stellen mit klarem

2 Das Fell wird Schicht für Schicht von unten nach oben durchgebürstet.

3 Einem langhaarigen Border Collie kann man die Haare an den Hinterläufen kürzen.

Wasser abzubrausen und anschließend gut zu trocknen. Nur wenn sein Fell stark verunreinigt ist oder – nach engerem Kontakt mit einem Misthaufen etwa – übel riecht, den Hund baden.
Richtig baden: Eine Gummimatte in der Bade- oder Duschwanne verhindert, daß der Hund ausrutscht. Brausen Sie ihn vorsichtig mit handwarmem Wasser von den Beinen aufwärts ab. Den Kopf möglichst aussparen, damit kein Wasser in die Augen und Ohren kommt. Verwenden Sie an Beinen und Körper (nicht am Kopf) ein alkalifreies Shampoo für Hunde (aus dem Zoofachhandel), das Sie nach dem Einmassieren sorgfältig ausspülen. Danach den Border Collie mit einem Tuch gründlich trockenreiben. Anschließend sollte er sich in einem warmen, zugfreien Raum aufhalten, damit er sich nicht erkältet.
Badeverbot: Es besteht für Welpen, trächtige Hündinnen, verletzte und kranke Hunde.

Krankheitsanzeichen
Stumpfes, trockenes Haar kann auf einen Bandwurmbefall oder eine Mangelernährung hinweisen. Klären Sie die Ursache mit dem Tierarzt ab. Nur vor dem Fellwechsel im Frühjahr und Herbst ist es normal, daß das Fell an Glanz verliert.
Schuppen deuten auf falsche Ernährung hin, können sich aber auch während des Haarwechsels bilden.

Ungeziefer entfernen
Zeichnung 4
Um Parasitenbefall rechtzeitig zu bekämpfen, ist es wichtig, das Fell des Hundes regelmäßig nach Ungeziefer abzusuchen.
Flöhe sind etwa 2 mm groß, rotbraun und seitlich abgeplattet. Ihr Kot wird auf der Haut des Hundes als dunkle Pünktchen ersichtlich. Das Beißen und Saugen der Flöhe, die sich auf ihrem Wirt rasch vermehren, verursacht einen starken Juckreiz. Durch allzu heftiges Kratzen kann sich der Hund an den befallenen Stellen sogar die Haut aufreißen. Flohbänder alleine sind nur selten ausreichend wirksam. Der Hund und seine Ruheplätze müssen zusätzlich mit Puder oder Spray (aus dem Fachhandel) mehrfach desinfiziert werden (Gebrauchsanweisung beachten).
Zecken sind zunächst etwa 2 mm groß und graubraun, wachsen aber durch Blutsaugen bis zu Erbsengröße heran und fallen dann wieder von ihrem Wirt ab. Am einfachsten entfernt man sie mit der Zeckenzange. Die Parasiten so tief wie möglich mit der Zange fassen und diese mehrere Male gegen den Uhrzeigersinn drehen. Dadurch läßt die Zecke los. Darauf achten, daß der Kopf der Zecke nicht in der Haut zurückbleibt, sonst besteht Entzündungsgefahr.
Herbstgrasmilben treten im Hochsommer gebietsweise in großen Mengen auf. Sie sind sehr klein und nur als orangerote Pünktchen auf der Haut des Hundes zu erkennen. Dort lösen sie einen starken Juckreiz aus. Sie nisten sich bevorzugt am Kopf, an den Gliedmaßen, in den Achseln und an den Pfoten ein. Beim Tierarzt oder in der Apotheke gibt es spezielle Sprays und Badezusätze, mit denen der Hund mehrmals behandelt wird (Gebrauchsanweisung beachten).
Futtermilben findet man gelegentlich bei Hunden, die ihr Lager auf Heu oder Stroh haben. Behandlung durch Badezusätze (aus der Apotheke) und einem Wechsel des Lagerzeuges.

4 Zecken entfernt man am besten mit Hilfe der speziellen Zeckenzange.

Die richtige Ernährung

Eine ausgewogene Ernährung ist Grundvoraussetzung für das Wohlbefinden, die Gesundheit und Leistungsfähigkeit Ihres Border Collies. Es ist nicht damit getan, den Hund einfach mit rohem Fleisch zu füttern, wie es viele Menschen für ihr Tier am besten halten. Ebenso falsch ist es, den Hund zum Resteverwerter menschlicher Nahrung zu degradieren. Um Mangelerscheinungen auszuschließen, muß der Hund richtig, sprich artgemäß, ernährt werden.

Der Speiseplan des Wolfes

Aus den Ernährungsgewohnheiten des Wolfes, Stammvater aller Hunde, lassen sich vielfältige Rückschlüsse über die Nahrungsansprüche unserer Hunde ziehen. Wie der Wolf gehört auch der Hund zu den Fleischfressern. Allerdings ernährt sich der Wolf nicht nur von Fleisch allein, sondern nimmt über seine Beutetiere – vorwiegend Pflanzenfresser – auch vorverdaute pflanzliche Stoffe auf, die sich in deren Mägen und Eingeweiden befinden. Zusätzlich reichert er seinen Speiseplan mit Wurzeln, Früchten und anderer Pflanzenkost an. Diese abwechslungsreiche Diät und das Verschlingen der Beutetiere »mit Haut und Haar« führen dazu, daß der Organismus des Wolfes mit den nötigen Ballaststoffen, Kohlenhydraten, Mineralstoffen wie Kalzium und Phosphor sowie Vitaminen versorgt wird.

<u>Nahrungsansprüche des Hundes:</u> Genau wie der Wolf braucht auch Ihr Border Collie neben Fleisch und anderen Eiweißlieferanten pflanzliche Stoffe und Ballaststoffe sowie Vitamine, Mineralien und Spurenelemente, die ihm täglich und in ausreichender Menge zugeführt werden müssen.

Fertigfutter

Die einfachste und bequemste Art, Ihren Border Collie gesund zu ernähren, bietet Fertigfutter. Die meisten Handelsfuttersorten sind das Ergebnis wissenschaftlicher Studien von Chemikern und Tierärzten, die in großen Laboratorien eine ausgewogene Ernährung für Hunde zusammenstellen. Fertigfutter enthält alle wichtigen Nähr- und Aufbaustoffe, die ein Hund täglich braucht. Im Fachhandel finden Sie ein breit gefächertes Sortiment in verschiedenen Konsistenzen.

<u>Naßfutter</u> hat einen Wassergehalt von 75 Prozent und wird in Dosenform angeboten. Sie sollten es immer mit Gemüse- oder Getreideflocken mischen ($^2/_3$ Naßfutter, $^1/_3$ Flocken), um Durchfall bei Ihrem Hund zu vermeiden.

<u>Halbfeucht- und Trockenfutter</u> ist im Vergleich zur Dosennahrung wesentlich konzentrierter und energiereicher, bedarf also einer entsprechend geringeren Dosierung. Der Feuchtigkeitsgehalt beim Halbfeuchtfutter beträgt etwa 25 Prozent, beim Trockenfutter etwa 10 Prozent. Da Trockenfutter dem Hundekörper viel Feuchtigkeit entzieht und die Nieren belastet, wenn der Hund nicht ausreichend trinkt, muß immer genügend frisches Wasser bereitstehen.

S.4

Mit einer Schale Milch läßt sich jeder Welpe von seinem Spielzeug weglocken. Ältere Hunde sollten allerdings frisches Wasser trinken, da Milch häufig Durchfall hervorrufen kann.

Durch Lecken am Mundwinkel der Mutter erbettelt der Welpe Futter.

<u>Hinweis:</u> Achten Sie darauf, daß das Futter keine Geschmacks- und Duftstoffe enthält, die den Hund zu übermäßiger Freßgier verleiten. Es sollte auch frei von Konservierungsstoffen (Antioxidantien) sein. Diese dienen dazu, das im Futter befindliche Fett haltbarer zu machen, können aber allergische Reaktionen auslösen. Futtersorten, bei denen auf solche Konservierungsmittel verzichtet wurde, haben deshalb weniger Fettanteile. Deshalb einen Schuß Salatöl zufügen.

Selbst zubereitetes Futter
Wenn Sie Ihren Border Collie »bekochen« möchten, müssen Sie den täglichen Nährstoffbedarf eines Hundes genau kennen, um einer Mangelernährung vorzubeugen. Achten Sie darauf, daß im selbst zubereiteten Hundemenü die wichtigsten Bestandteile einer ausgewogenen Mahlzeit in ausreichender Menge vorhanden sind.
<u>Eiweiß</u> ist in Fleisch, Fisch und Milchprodukten wie Quark, Joghurt und Hüttenkäse enthalten. Zum Verfüttern

eignet sich Muskelfleisch vom Rind, Schaf, Pferd, Geflügel oder Wild. Ungereinigter Pansen ist eine Delikatesse für den Hund, aber auch Innereien wie Leber, Nieren, Herz und Magen sind ihm willkommen. Der Eiweißanteil im Futter sollte je nach Alter und Aktivität des Hundes 25 bis 60 Prozent betragen.

Achtung: Bei Fisch vorher sorgfältig die Gräten entfernen. Rohes Schweinefleisch kann den »Aujeszkyschen Virus« enthalten, der für Hunde tödlich ist. Durch rohes Geflügelfleisch können Salmonellen übertragen werden. Durch Kochen werden alle Erreger abgetötet.

Kohlenhydrate sind in Getreide (Hafer, Weizen, Mais, Reis), Kartoffeln, Nudeln und Brot enthalten. Ihr Anteil im Hundemenü sollte bei 45 Prozent liegen.

Fette liefern dem Körper die Hauptenergie. Bei arbeitenden Hunden sollte der Fettanteil mindestens 7 Prozent betragen, bei älteren Hunden genügen 5 Prozent. Je nach Fettgehalt des Fleisches dem Futter täglich 1 bis 2 Eßlöffel Pflanzenöl, Butter oder Margarine zufügen.

Vitamine, Mineralien, Spurenelemente sind unerläßliche Bestandteile einer gesunden Ernährung und müssen deshalb stets zugesetzt werden. Am besten verwenden Sie eine fertige Vitamin-Mineralstoffmischung (erhältlich im Zoofachhandel, in der Apotheke oder beim Tierarzt). Wenn Sie das Hundemenü mit bereits vitaminisierten Fertigflocken anreichern, erübrigt sich der Zusatz von weiteren Vitamin- und Mineralstoffen.

Mein Tip: Geben Sie täglich eine Prise jodiertes Kochsalz (jedoch niemals Gewürze) und Gemüse wie Karotten, Mais und Petersilie ins Futter. Auch Knoblauch ist zu empfehlen: Er beugt Wurm-, Floh- und Zeckenbefall vor.

Wenn Ihr Hund Gras frißt

Bisweilen kann man beobachten, daß Border Collies den trockenen Mist von Kühen und Schafen fressen. Sie nehmen auf diese Weise vorverdaute Pflanzenreste aus dem Mist auf.
Hin und wieder frißt Ihr Hund auch Gras. Da sein Magen nicht in der Lage ist, die Zellulose aufzuschließen und zu verdauen, dient es nicht der Nahrungszufuhr. Vielmehr nutzt der Hund das Gras als Reizmittel zum Erbrechen, was vor allem dann sehr nützlich ist, wenn sich in seinem Magen unverdauliche Haare oder Knochen befinden.

Nagen ist gesund

Border Collies haben eine unglaubliche Ausdauer im Benagen von Knochen oder ähnlichem. Selbst wenn gerade mal kein Knochen zur Verfügung steht, suchen sie sich ein Stück Holz

Satt und zufrieden träumt der Welpe in seiner leeren Futterschüssel von leckeren Häppchen.

oder ein anderes Ersatzstück, an dem sie mit Begeisterung kauen.

Geeignet zum Nagen und Knabbern sind Kugelknochen vom Rind oder Schaf. Sie versorgen den Organismus des Hundes mit Kalzium und Phosphor. Als Ersatz können Sie Ihrem Border Collie auch Büffelhautknochen und Ochsenziemer geben, die gut verträglich sind und außerdem noch das Gebiß reinigen. Selbst Welpen sollten zur Befriedigung des Kautriebes und zum Zeitvertreib einen Knochen oder Büffelhautknochen bekommen. Der Zahnpflege dient auch ein grober Hundekuchen, den Ihr Hund nach der letzten Mahlzeit am Tag kauen sollte. Ungeeignet zum Knabbern sind Röhrenknochen vom Geflügel und Knochen vom Wild, da sie leicht splittern und den Darm verletzen können.

Futterplatz

Weisen Sie Ihrem Border Collie schon im Welpenalter einen zugfreien Platz zu, an dem er ungestört und in aller Ruhe seine Mahlzeiten zu sich nehmen kann. Hier muß auch immer ein Napf mit frischem Wasser bereitstehen, aus dem er sich jederzeit bedienen kann.

Futtermenge und Fütterungszeiten

Die tägliche Futtermenge richtet sich nach dem Alter des Hundes und den Anforderungen an ihn. Ein arbeitender Border Collie benötigt mehr und ein gehaltvolleres Futter als ein Welpe oder ein alter Hund. Unterschiede gibt es auch bei guten und schlechten Futterverwertern, so daß jeder Hundehalter selbst herausfinden muß, wieviel Nahrung sein Hund braucht. Als Anhaltspunkt dienen die auf den Futterpackungen angegebenen Normwerte. Welpen benötigen im 1. Lebensjahr besonders nährstoffreiche Nahrung. Im Fachhandel gibt es hochwertige Welpenkost als Fertigfutter. Im Winter zusätzlich etwas Dorschlebertran beimischen. Bis zur 12. Woche die Futterration auf 4 Portionen verteilen, bis zum 6. Monat 3mal täglich füttern. Danach reichen 2 Rationen, am besten mittags und abends verabreicht, aus. Arbeitende erwachsene Hunde erhalten eine Mahlzeit abends, damit in Ruhe verdaut werden kann. Würde der Border Collie zwischendurch fressen, würde ihn das zu sehr bei seiner Arbeit beeinträchtigen. Schnelle Bewegungen könnten bei vollem Magen außerdem

Fütterungsregeln

• Sorgen Sie dafür, daß Ihr Border Collie während des Fressens nicht gestört wird.
• Das Futter sollte weder zu heiß noch zu kalt sein, Zimmertemperatur ist richtig. Zu kaltes Futter kann zu Durchfall oder Erbrechen führen.
• Dem Hund muß jederzeit frisches Wasser zur Verfügung stehen.
• Entfernen Sie übriggebliebenes Futter nach etwa 30 Minuten, da es rasch verdirbt.

• Geöffnetes Dosenfutter kann etwa zwei Tage im Kühlschrank aufbewahrt werden.
• Reinigen Sie den Futternapf nach jeder Mahlzeit, den Wassernapf einmal täglich gründlich mit heißem Wasser.
Das dürfen Sie nicht füttern:
• Gewürzte Speisen und Essensreste, da die Nieren des Hundes keine Gewürze verarbeiten können.
• Süßigkeiten, da sie dick machen und die Zahnsteinbildung begünstigen.

Drei prächtige Border Collies, die vor Vitalität und Tatendrang förmlich sprühen.

zu einer Magendrehung führen (→ PRAXIS Erste Hilfe, Seite 54).
Eine trächtige Hündin braucht eine besonders vitaminreiche, gehaltvolle Kost. Während der letzten 2 Trächtigkeitswochen sollte man die Futtermenge verdoppeln und zusätzlich Kalziumpräparate (aus dem Zoofachhandel) beimischen.
Der alte Hund benötigt leicht verdauliche kohlenhydratreiche Nahrung. Also Fleischanteil reduzieren und mehr Getreide, Reis oder Hundeflocken beimengen (Mischung $1/3$ Eiweiß, $2/3$ Kohlenhydrate). Der Fachhandel bietet spezielles Futter für alte Hunde an.

Trinken ist wichtig
Ein mit frischem Leitungswasser gefüllter Napf muß für Ihren Hund immer bereitstehen und jederzeit zugänglich sein. Das Wasser täglich zu erneuern, versteht sich von selbst. Besonders während der heißen Jahreszeit oder wenn Ihr Hund viel Trockenfutter frißt, ist der Flüssigkeitsbedarf sehr hoch.

Gesundheitsvorsorge und Krankheiten

Obwohl Border Collies von Natur aus recht robust und gesund sind, können sie auch unter den besten Haltungsbedingungen einmal krank werden. Beobachten Sie Ihren Hund von klein an genau, damit Sie Abweichungen von seinem normalen Verhalten oder äußerliche Veränderungen möglichst früh bemerken. Krankheiten, deren Symptome rechtzeitig erkannt werden, lassen sich in der Regel auch schneller heilen.

Schutzimpfungen

Staupe, Hepatitis, Parvovirose, Leptospirose und Tollwut sind gefährliche Infektionskrankheiten, die beim Hund tödlich enden, wenn er nicht rechtzeitig gegen die Krankheitserreger (Viren und – bei der Leptospirose – Bakterien) geimpft wurde. Da der Hund durch eine Impfung keine lebenslange Immunität erhält, ist es wichtig, die Impfungen in regelmäßigen Abständen zu erneuern (→ Impfplan, Seite 51).
Die Grundimmunisierung hat der Welpe normalerweise im Alter von 7 bis 8 Wochen bereits bei seinem Züchter erhalten. Sie ist – ebenso wie alle weiteren Impftermine – im Impfpaß eingetragen, der Ihnen beim Kauf des Welpen ausgehändigt wird. Vor jeder Impfung muß der Hund entwurmt werden.
Achtung: Tollwut und Leptospirose sind auch auf Menschen übertragbar (→ Wichtige Hinweise, Seite 63).

Entwurmung

Kein Hund ist vor Wurmbefall sicher. Diese Parasiten, in erster Linie Spulwürmer, aber auch Bandwürmer, können Gesundheit und Widerstandskraft Ihres Border Collies stark beeinträchtigen. Deshalb muß er vom Welpenalter an regelmäßig entwurmt werden.
Die ersten Wurmkuren erhält der Welpe im Alter von 14 Tagen, dann mit 6 Wochen und nochmals mit 8 Wochen. Bis zum Alter von 1 Jahr wird er etwa alle 3 Monate entwurmt.
Für erwachsene Hunde genügen meist 2 bis 3 Wurmkuren im Jahr. Sie sollten sich den Kot Ihres Hundes allerdings hin und wieder genauer ansehen, da der Befall mit Würmern nicht an bestimmte Zeiten gebunden ist und Ihr Border Collie auch zwischendurch einmal eine Wurmkur benötigen kann. Lassen Sie gegebenenfalls eine Kotprobe Ihres Hundes vom Tierarzt auf Wurmbefall hin untersuchen.

Was der Hundebesitzer können muß

Fieber messen: Die normale Körpertemperatur eines Hundes liegt zwischen 38,5 und 39 °C. Erhöhte Temperatur kann man am Unterbauch oder den Innenschenkeln des Hundes feststellen. Wenn sich diese Regionen ungewöhnlich warm anfühlen, obwohl der Hund nicht abgehetzt ist, sollten Sie Fieber messen. Eine heiße, trockene Nase weist entgegen der landläufigen Meinung nicht sicher auf Fieber hin.
Zum Fiebermessen benutzen Sie am besten ein dünnes, unzerbrechliches Thermometer und fetten es vorne mit Vaseline ein. Lassen Sie sich von einer zweiten Person assistieren, die den stehenden Hund am Hals und unter dem

Bauch festhält und beruhigt. Heben Sie die Rute Ihres Border Collies an und führen Sie das Thermometer leicht nach oben geneigt etwa 3 cm in den After ein. 2 bis 3 Minuten in dieser Position halten (→ Zeichnung unten). Wenn die Temperatur über 39 °C liegt, hat das Tier Fieber. Auch Untertemperatur (unter 38 °C) kann ein Zeichen von Krankheit sein. In beiden Fällen den Hund zum Tierarzt bringen.

Puls fühlen: Bei Verdacht auf eine Erkrankung sollten Sie auch den Puls Ihres Hundes kontrollieren. Sie fühlen ihn am besten, wenn Sie Ihre Finger an die Innenseite des Oberschenkels legen und leicht andrücken. Wenn Ihnen dies hier nicht gelingt, prüfen Sie seinen Herzschlag an der linken Seite seines Brustkorbes. Der Ruhepuls des Border Collies liegt bei etwa 80 bis 100 Schlägen pro Minute.

Medizin eingeben: Eine Einwegspritze (ohne Nadel), beim Tierarzt oder in der Apotheke erhältlich, eignet sich am besten dazu, flüssige Medikamente zu verabreichen. Heben Sie den Kopf des Hundes leicht an und führen Sie die Spritze seitlich zwischen den Zähnen in seine Schnauze. Die Flüssigkeit langsam auf den mittleren Teil der Zunge (→ Zeichnung, Seite 55) spritzen. Tabletten verabreichen Sie am besten, wenn Sie diese in etwas Leberwurst oder Käse verstecken. Wenn Ihr Hund die Medikamente wieder ausspuckt, geben Sie ihm die Tablette direkt ins Maul. Öffnen Sie dazu seinen Fang und legen Sie die Pille auf den hinteren Teil der Zunge. Nun schließen Sie seine Schnauze und halten sie einige Sekunden fest, bis Ihr Border Collie die Medizin geschluckt hat.

Augensalbe und Augentropfen werden hinter das untere Lid des Hundes gegeben, das man dabei vorsichtig nach unten zieht.

Ohrentropfen träufelt man dem Hund bei schräg gehaltenem Kopf ins Ohr. Dabei zieht man das Ohr sanft nach oben und massiert anschließend leicht am Ohransatz. Die Tropfen verteilen sich so besser.

Krankheitsanzeichen erkennen

Veränderungen des Verhaltens und der Freßgewohnheiten oder Verdauungsstörungen sind oft die ersten Hinweise darauf, daß sich Ihr Hund nicht so wohl fühlt wie sonst. Folgende Erscheinungen gelten als Warnzeichen für eine mögliche Krankheit:
• Wirkt Ihr aufgeweckter Border Collie lustlos und apathisch? Schläft er viel?
• Verweigert er sein Futter?
• Trinkt er auffallend viel Wasser?
• Hat sich sein Kot in Form und Farbe verändert (Durchfall, eventuell vermischt mit Blut und Schleim)?
• Hat Ihr Border Collie Verstopfung?
• Weist sein Fell Veränderungen auf?

Fieber mißt man am besten zu zweit: Eine Person hält den Hund fest, die andere hebt seine Rute an und führt das Thermometer ein.

Impfplan für die Gesundheitsvorsorge

Wirkstoff gegen	Grundimmunisierung		Nachimpfungen	Wiederholungsimpfungen
	6. bis 8. Woche	8. bis 10. Woche	11. bis 14. Woche	12 Monate nach der Grundimmunisierung
Parvovirose*	+		+	+ jährlich
Zwingerhusten	+		+	+ jährlich
Hepatitis*		+	+	+ mind. alle 2 Jahre
Leptospirose*		+	+	+ jährlich
Staupe*		+	+	+ mind. alle 2 Jahre
Tollwut*		+	+	+ jährlich

* <u>Hinweis:</u> Möglich ist auch eine jährliche Fünffachimpfung, die sich besonders in Gebieten mit gehäuft auftretender Staupe oder Hepatitis empfiehlt. Impfungen werden nicht sofort wirksam. Es dauert etwa 1 bis 2 Wochen, bis der Impfschutz eintritt.

• Zeigt seine Haut gerötete Stellen, Schuppen oder Pickel?
• Sind seine Augen gerötet?
• Ist Ihr Hund ohne erkennbaren Grund unruhig?
• Winselt er öfter ohne ersichtliche Ursache?
• Hechelt er, obwohl er ruht?
• Hat er Fieber (→ Fieber messen, Seite 50)?

Mein Tip: Nicht jede Veränderung muß gleich Anlaß zur Sorge geben. Beobachten Sie deshalb Ihren Border Collie zunächst genau. Manches können Sie selbst behandeln (→ Seite 52). Wenn sich die Symptome verstärken beziehungsweise über mehrere Tage hinweg hartnäckig halten, ist der Gang zum Tierarzt unabdingbar.

Achtung: Akute Lebensgefahr zeigen folgende Symptome beim Hund an:
• weiß verfärbtes Zahnfleisch;
• extrem enge oder weite Pupillen;
• die Körperhaut des Hundes bleibt »stehen«, wenn sie hochgezogen wird.

Kleine Krankheitskunde
Im folgenden Abschnitt finden Sie die häufigsten Krankheitssymptome mit ihren verschiedenen Ursachen. Im Zweifelsfall sollten Sie mit Ihrem Hund immer den Tierarzt aufsuchen.
<u>Abmagern:</u> Falsche oder unzureichende Ernährung; Wurmbefall; Zahnprobleme; psychische Ursachen; Krebserkrankung.
<u>Augenausfluß:</u> Bindehautentzündung; Hornhautverletzungen.
<u>Durst:</u> Eventuell ernährungsbedingt (salzige Speisen, Trockenfutter); Leber- und Nierenstörung; Zuckerkrankheit.
<u>Durchfall:</u> Falsche Ernährung; Futterumstellung; Wurmbefall; Vergiftung; Infektion.
<u>Erbrechen:</u> Kann harmlos sein, wenn es sich um unverdauliche Speisereste, Gras oder kleine Knochensplitter handelt. Bei anhaltendem Erbrechen: Magenerkrankung; Fremdkörper im Magen; Vergiftung.

Haarausfall: Außerhalb des normalen Haarwechsels gibt es verschiedene Gründe, zum Beispiel hormonell bedingt bei Hündinnen, die von ihren Welpen abgesetzt wurden; ernährungsbedingt; Stoffwechselstörungen.

Husten: Bronchitis; Lungenentzündung; Fremdkörper in der Luftröhre; Zwingerhusten (Virusinfektion).

Kopfschütteln: Ohrenentzündung (verursacht durch Milben oder Bakterien); Fremdkörper im Ohr.

Kratzen: Parasiten (Flöhe, Milben, Zecken); Allergie; Hautentzündung; Fremdkörper in der Haut (zum Beispiel Bienenstachel).

Verstopfung: Falsche Ernährung (zu wenig Ballaststoffe).

Zittern: Fieber, Schmerzen; manchmal zittert ein Border Collie auch vor innerer Erregung, wenn er Schafe sieht.

Hier können Sie selbst helfen

Bei Durchfall den Border Collie 1 Tag fasten lassen und ihm ersatzweise statt Wasser schwarzen Tee mit einer Prise Kochsalz geben. Ab dem 2. Tag Diätfutter (aus Apotheke oder Zoofachhandel) verabreichen und gegebenenfalls Kohletabletten oder gemahlenen weißen Ton (aus der Apotheke) beimengen.

Achtung: Tritt nach 2 Tagen keine Besserung ein oder ist der Kot mit Blut oder Schleim versetzt, muß der Hund unverzüglich zum Tierarzt.

Bei Verstopfung regen Sie die Verdauung Ihres Border Collies an, indem Sie dem Futter etwas Trockenhefe oder eventuell Rizinusöl beimengen. Sie können dem Hund auch ein Häppchen mit Bierhefe geben. Diese aber auf keinen Fall unter das Futter mischen, es könnte sonst gären.

Achtung: Dauert die Verstopfung länger als 2 Tage, sofort zum Tierarzt (Gefahr des Darmverschlusses).

Wenn die Hundeseele krank wird

Border Collies sind äußerst sensibel und leiden deshalb besonders, wenn irgend etwas in ihrem Umfeld nicht mehr stimmt. Ein Besitzerwechsel oder eine längere Trennung von seinem Menschen ist für einen Border Collie seelisch oft nur schwer zu verkraften. Auch Streit in der Familie kann ihm so zusetzen, daß er sich verkriecht oder apathisch wird.

Wie beim Menschen können auch beim Hund Krankheiten ihren Ursprung in seelischem Streß haben. Besprechen Sie gegebenenfalls mit dem Tierarzt die Ursachen und beraten Sie gemeinsam, wie dem Tier zu helfen ist.

Rassetypische Krankheiten

Dem Umstand, daß der Border Collie jahrhundertelang auf seine Arbeitsfähigkeit hin und nicht auf Vervollkommnung seines äußeren Erscheinungsbildes gezüchtet wurde, ist es zu verdanken, daß diese Rasse generell robust, widerstandsfähig und nicht krankheitsanfällig ist.

Kleine Rangeleien geben dem Spiel die richtige Würze.

Diese Geste drückt Zuneigung und Ergebenheit aus.

Hüftgelenksdysplasie (HD): Die HD stellt, bis auf eher seltene Ausnahmen, kein rassetypisches Problem für Border Collies dar, kommt aber wie bei allen großen Hunderassen gelegentlich vor. Bei der HD sind Gelenkpfanne und Oberschenkelkopf so stark abgeflacht oder locker, daß schmerzhafte Bewegungsstörungen, im fortgeschrittenen Stadium auch Lähmung, die Folge sind. Die Früherkennung der Krankheit ist nur durch eine Röntgenaufnahme des Beckens möglich.

Progressive Retinal Atrophy (PRA): Diese Augenkrankheit entwickelte sich bei Border Collies vor etwa 50 Jahren zu einem ernsthaften gesundheitlichen Problem. Es handelt sich dabei um eine fortschreitende Netzhautverkümmerung, die von anfänglicher Nachtblindheit über schwindende Sehkraft am Tage schließlich zum Erblinden führen kann. Man nimmt an, daß dieser Defekt vor langer Zeit durch das Einkreuzen von Settern entstand.

In den 60er Jahren begann die International Sheep Dog Society (ISDS) dieser erblichen Krankheit entgegenzuwirken und verfügte, daß seither bei allen Trials nur Hunde starten dürfen, deren Augen auf PRA untersucht worden sind. Da die Krankheit fortschreitend ist, kann sie nicht mit Sicherheit bei einem weniger als 2 Jahre alten Hund diagnostiziert werden. Border Collies, die unter den Regeln der ISDS bei Wettkämpfen konkurrieren, müssen sich jedes Jahr einer Augenuntersuchung unterziehen. Durch dieses Untersuchungssystem wurde das Auftreten der Krankheit inzwischen auf ein Prozent aller Border Collies reduziert.

PRAXIS
Erste Hilfe

Ihr Hund kann in eine Notfallsituation geraten, in der er auf Ihre richtige Entscheidung und Ihr rasches Eingreifen angewiesen ist. Deshalb sollten Sie einige praktische Handgriffe beherrschen und Grundkenntnisse in Erster Hilfe besitzen.

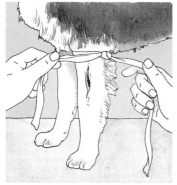

1 Bei einer stark blutenden Wunde das Bein oberhalb der Verletzung abbinden.

Verletzungen behandeln
Zeichnung 1
Kleinere Verletzungen säubert der Hund durch Belecken selbst. Sie heilen meist rasch und müssen nicht unbedingt verbunden werden.
Größere Wunden immer vom Tierarzt behandeln lassen.
• Zunächst Wunde von Schmutz und Fremdkörpern reinigen.
• Leicht blutende Wunden mit einem sauberen Tuch abdecken, dieses mit einer dünnen Binde oder einem Schal fixieren.

• Bei stark blutenden Wunden Druckverband anlegen, um die Blutung zu stillen. Dazu Mullbinde oder Kompresse (notfalls auch ein sauberes Taschentuch) direkt auf die Wunde legen und fest mit einer Binde umwickeln.
Verletzungen an der Pfote bluten meist stark. Um die Blutung zu stoppen, Druckverband anlegen. Bei sehr heftiger Blutung das Bein oberhalb der Verletzung mit einer elastischen Binde (notfalls auch mit Strumpf oder Socke) abbinden. Den Hund sofort zum Tierarzt bringen. Bei längerer Fahrt den Verband alle 30 Minuten kurz lösen, damit das Bein nicht abstirbt.
Bißverletzungen ebenfalls vom Tierarzt behandeln lassen, da man selbst oft nicht Stärke und Tiefe des Bisses feststellen kann.

Hilfe bei Insektenstichen
Wenn Ihr Border Collie plötzlich den Kopf schüttelt, sich die Schnauze mit beiden Pfoten reibt oder sich am Körper kratzt, wurde er gestochen. Stiche am Körper oder in die Pfote können Sie selbst behandeln. Den Stachel mit einer Pinzette herausziehen. Die Stelle mit Wasser oder Eis kühlen und mit einer Salbe gegen Insektenstiche einreiben. Treten durch Schwellungen im Rachenraum Atem- und Schluckbeschwerden oder allergische Reaktionen wie zum Beispiel Erbrechen, Hustenanfälle und Atembeschwerden auf, mit dem Hund sofort zum Tierarzt.

Erste Hilfe in Notfällen
Hitzschlag: Der Border Collie kann leicht Opfer eines Hitzschlages werden.
• Symptome: Extremes Speicheln, unkoordinierte Bewegungen, Oberkopf fühlt sich heiß an, der Hund taumelt.
• Das Tier sofort in den Schatten bringen und seinen Körper mit Wasser kühlen, zunächst an den Beinen, dann am Körper und zuletzt am Kopf. Anschließend zum Tierarzt.
Magendrehung: Dazu kann es kommen, wenn Ihr Hund nach dem Fressen umhertollt oder sich am Boden wälzt.
• Symptome: Speicheln, Würgen, Unruhe, aufgeblähter Bauch, Versuche zu erbrechen, Atemnot.

2 Einen ohnmächtigen Hund in der Seitenlage auf einer Decke transportieren.

3 Flüssige Medizin dem Hund seitlich zwischen den Backenzähnen auf die Zunge spritzen.

- Bringen Sie den Hund sofort zum Tierarzt, es besteht akute Lebensgefahr.

Erste Hilfe bei Vergiftungen
Zeichnung 3
Anzeichen: Starker Speichelfluß; wiederholtes Erbrechen, gelegentlich Durchfall; Blut im Erbrochenen, Kot oder Urin; blasse oder bläuliche Schleimhäute, Blaufärbung der Zunge; Atemnot; Apathie; Krämpfe; Kreislaufkollaps; Lähmung.
Erste Notmaßnahmen: Die Überlebenschancen des Hundes hängen von Art und Menge des Giftes sowie von der Schnelligkeit der eingeleiteten Gegenmaßnahmen ab.
- Den Border Collie sofort zum Tierarzt bringen.
- Ist der Weg dorthin zu weit, muß ihm der Magen entleert werden. Dem Hund mit einer Spritze ohne Nadel konzentrierte Kochsalzlösung (1 Eßlöffel Salz auf 100 ml Wasser) einflößen, damit er erbricht.
- Dem Hund reichlich zu trinken geben, da Wasser verdünnend und nach dem Erbrechen wie eine Magenspülung wirkt.
Wichtig: Flößen Sie dem Hund keinesfalls Milch, Öl oder Rizinusöl ein; das kann bei einigen fettlöslichen Giften Beschwerden und Symptome verstärken.

Erste Hilfe bei Unfällen
Zeichnung 2
Vorsichtsmaßnahmen: Mitunter hat der verletzte Hund zu große Schmerzen und ist zu verängstigt, um sich behandeln zu lassen. Ein Maulkorb verhindert in diesem Fall, daß das Tier in Panik um sich beißt. Die Schnauze kann auch mit einem Band umwickelt werden; dieses unter dem Kiefer verknoten und hinter seinen Ohren befestigen.
Erste Notversorgung: Einem ohnmächtigen Hund müssen unbedingt die Atemwege freigehalten werden. Das Tier in Seitenlage bringen, seine Zunge aus der Schnauze ziehen und seitlich zwischen die Zähne legen. Erbrochenes aus dem Maul entfernen, sonst besteht Erstickungsgefahr. Blutende Wunden mit einem sauberen Tuch abdecken oder – falls erforderlich – einen Druckverband anlegen (→ Seite 54). Pulsierende Blutungen durch Abbinden der betreffenden Körperstelle stoppen. Bei Wunden an Stellen, die man nicht abbinden kann (zum Beispiel im Brust- oder Bauchraum), mit der Hand Druck auf das Gefäß ausüben, um die Blutung zu stillen.
Transport zum Tierarzt: Dem Hund vorsichtig ein breites Brett unterschieben, auf dem er liegen kann. Auch eine Decke, ein Sack oder ein Mantel – von zwei Personen vorsichtig getragen – ist besser, als den Hund einfach auf den Arm zu nehmen. Bei Verdacht auf Knochenbrüche oder innere Blutungen den Hund so wenig wie möglich bewegen und mit einer Decke warmhalten (Schockvorbeugung).

Hausapotheke

Für erste Maßnahmen und die Versorgung kleiner Verletzungen ist die Einrichtung einer nur für Ihren Hund bestimmten Hausapotheke sinnvoll.
Instrumente: Bruchfestes Digitalfieberthermometer, Zeckenzange, Holzspatel und Plastikhandschuhe, Verbandsschere und Pinzette, jeweils mit abgerundeten Spitzen, Plastik-Einwegspritzen ohne Nadel.
Verbandsmaterial: Mullkompressen, Elastik-Mullbinden, Hansa-, Leukoplast, Watte, Papiertaschentücher.
Medikamente: Vitamin- und Mineralstofftabletten, Kohletabletten, Wurmmittel, Zäpfchen zur Schmerzlinderung und Fiebersenkung.
Salben und Tropfen: Wurmsalbe, Vaseline, Babyöl (zur Ohrreinigung), Augentropfen.
Desinfektion: Alkohol (Propanol), Wunddesinfektionsmittel.

Border Collies züchten

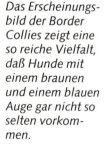

Das Erscheinungsbild der Border Collies zeigt eine so reiche Vielfalt, daß Hunde mit einem braunen und einem blauen Auge gar nicht so selten vorkommen.

»**Verstand vor Schönheit**«
Sicherlich ist es ein schönes und aufregendes Erlebnis, die Geburt und die ersten Lebenswochen von Welpen zu beobachten, dennoch sollten Sie die Zucht von Border Collies nicht leichtfertig angehen. Der Züchter übernimmt die große Verantwortung, die Qualitäten einer Rasse zu erhalten und weiter zu verbessern. Die Faszination der Border Collies liegt vor allem darin, daß sie jahrhundertelang nach dem Motto »Brains before Beauty« (Verstand vor Schönheit) gezüchtet wurden. Wenn Sie Border Collies züchten möchten, ist es notwendig, zuerst auf die Arbeitsinstinkte, Führigkeit und Intelligenz der Elterntiere zu achten. Natürlich darf und soll Ihnen auch das Äußere gefallen, aber dies ist zweitrangig. Ein Border Collie entfaltet seine volle Schönheit erst, wenn er mit äußerster Konzentration sein Vieh bewegt.
Ihre moralische Verantwortung den Welpen gegenüber ist sehr groß. Sie müssen gründlich prüfen, in welche Hände Sie Ihre Hunde geben, und notfalls auch bereit sein, die Welpen länger als 8 Wochen zu behalten.
Hinweis: Übrigens stimmt es nicht, daß eine Hündin nur dann glücklich und gesund leben kann, wenn sie mindestens einen Wurf aufgezogen hat.

Voraussetzung für die Zucht
Sie können mit Ihrem Hund züchten, wenn er entweder Papiere von der International Sheep Dog Society (ISDS) oder dem Verband des Deutschen Hundewesens (VDH) besitzt.

Ihre Hündin hat ISDS-Papiere: In Deutschland gibt es bereits eine Reihe von Züchtern, die nur mit ISDS-Papieren züchten, um eine Vermischung der Arbeitslinien mit den Schaulinien auszuschließen. Dazu muß man Mitglied der ISDS sein und deren Zuchtbestimmungen beachten. Auskünfte dazu erteilt die ISDS (→ Adressen, Seite 62).
Ihre Hündin hat VDH-Papiere: Ihre Hündin erhält die offizielle Zuchterlaubnis (Körung), wenn sie zweimal auf einer Ausstellung gezeigt wurde und die Pflichtuntersuchungen auf Hüftgelenksdysplasie und Augenkrankheiten (R Rassetypische Krankheiten, Seite 52) ohne Befund sind. Sie müssen einen Zwinger anmelden und nachweisen, daß Sie die nötigen räumlichen Gegebenheiten besitzen, um einen Wurf gesund aufzuziehen.

Der Deckrüde
Besuchen Sie die Trials der Arbeitsgemeinschaft Border Collie e.V. (→ Adressen, Seite 62), um die Hunde bei der Arbeit sehen und beurteilen zu können. Hier finden Sie sicherlich auch den passenden Rüden für Ihre Hündin. Halten Sie im Stammbaum des Zuchtrüden nach einem Vorfahren Ausschau, der sich wegen seiner überragenden Leistung einen Namen gemacht hat und auch im Stammbaum Ihrer Hündin zu finden ist. Dieser gemeinsame Vorfahre sollte nicht enger als in der »Großelternspalte« auftreten. Man spricht dabei von Linienzucht. Zu enges Züchten mit zu nah Verwandten (Inzucht) ist mit großen Risiken behaftet,

Die große Schwester zeigt deutlich, wer von beiden hier das Sagen hat.

weil damit auch verborgene genetische Probleme multipliziert werden. In der Regel wird die Hündin zum Rüden gebracht. Dessen Besitzer erhält eine vorher festgelegte Decktaxe.

Die Läufigkeit

Im Alter von etwa 9 Monaten erreicht eine Border Collie-Hündin die Geschlechtsreife. Danach wird sie alle 6 bis 9 Monate läufig. Nur während der Läufigkeit oder Hitze, die knapp 3 Wochen dauert, ist sie paarungsbereit. Man unterscheidet 2 Phasen der Hitze:
• Während der 10-tägigen Vorbrunst wird die Hündin unruhig, sie hat einen leicht blutigen Ausfluß, ihre Scham schwillt an. Sie zieht bereits das Interesse der Rüden auf sich, wehrt jedoch noch alle Annäherungsversuche ab.
• Zu Beginn der Hochbrunst, die etwa 5 bis 7 Tage dauert, läßt die Blutung nach, der Ausfluß wird wäßrig und strohfarben. Nur während dieser sogenannten »Standhitze« ist die Hündin bereit, sich decken zu lassen.

Mein Tip: Nach meiner Erfahrung sind die letzten Tage der Standhitze am günstigsten für die Paarung. Warten Sie aber nicht zu lange, sonst klingt die Läufigkeit aus, ohne daß es zum Deckakt kommen konnte.

Die Paarung

Der Paarungsakt dauert in der Regel 15 bis 20 Minuten, manchmal auch länger, weil der Schwellkörper am Penis des Rüden durch den verengten Vaginalring der Hündin festgehalten wird – die Hunde »hängen« zusammen. Warten Sie ab, bis die Tiere sich von selbst voneinander lösen. Ein gewaltsames Trennen könnte beide Hunde verletzen.

Die Trächtigkeit

Die Tragzeit beträgt etwa 63 Tage. Die Hündin wird etwas ruhiger und hat ein größeres Bedürfnis nach Schlaf, sie braucht aber während dieser Zeit nicht verzärtelt zu werden. Sie kann weiterhin arbeiten und nach wie vor auch an Hütewettkämpfen teilnehmen.

Ab der 5. Trächtigkeitswoche wird die Hündin etwas rundlicher. Gleichzeitig hat sie ein wenig klaren Ausfluß, und ihre Zitzen färben sich rosa. Gönnen Sie Ihrer Hündin jetzt etwas mehr Ruhe und geben Sie ihr ein gehaltvolleres, proteinreicheres Futter, das auf 2 Mahlzeiten täglich verteilt wird. Reichern Sie das Futter zusätzlich mit frischem Fleisch oder Fisch, Milch und Eiern an und fügen Sie Kalziumpräparate (aus dem Zoofachhandel) hinzu.

Scheinträchtigkeit: Die Hündin zeigt, obwohl sie nicht empfangen hat, alle Symptome einer Trächtigkeit. Ihr Gesäuge schwillt an, und sie produziert sogar etwas Milch. Lenken Sie sie durch vermehrte Spaziergänge, Spiele oder Arbeitseinsätze ab. Bringen Sie sie zum Tierarzt, wenn sich ihr Gesäuge entzündet hat.

Die Wurfkiste

Ausstattung: Die Grundfläche der hölzernen Wurfkiste sollte etwa 100 x 120 cm umfassen, damit sich die Hündin darin bequem ausstrecken kann. Die Seitenbretter sollten etwa 40 cm hoch sein. Die Kiste mit einer dicken Lage Zeitungen und alten Bettlaken auspolstern. Findet die Geburt in der kalten Jahreszeit statt, zusätzlich eine Infrarot-Wärmeleuchte etwa 1,30 m über der Wurfkiste installieren.

Standort: Die Wurfkiste sollte in einem ruhigen, zugfreien Raum stehen, die Raumtemperatur etwa um 21 °C betragen. Gewöhnen Sie Ihre Hündin rechtzeitig vor der Geburt an die Wurfkiste.

Die Geburt

Anzeichen der Geburt: 1 bis 3 Tage vor dem Wurftermin sinkt die Körpertemperatur der Hündin von 38,5 auf etwa 37 °C ab (→ Fieber messen, Seite 50). 12 bis 24 Stunden zuvor verweigert die Hündin oft die Nahrungsaufnahme, unmittelbar vor der Geburt wird sie unruhig, hechelt stärker und scharrt ein »Nest« zusammen. Erkundigen Sie sich rechtzeitig bei Ihrem Tierarzt, ob er bei einem Notfall zur Verfügung steht.

Die Geburt selbst: Wenn die Wehentätigkeit ihren Höhepunkt erreicht hat, platzt die Fruchtblase, und Flüssigkeit tritt aus. Mit den Preßwehen werden die Welpen ausgetrieben. Jeder Welpe wird in einer Fruchtblase mit Plazenta geboren. Die Hündin frißt Fruchthülle und Nachgeburt jedes einzelnen Welpen auf und beißt dabei die Nabelschnur durch. Anschließend leckt sie den Welpen trocken und regt mit dieser Massage Atmung und Kreislauf des Neugeborenen an. Instinktiv krabbeln die Kleinen zu den Zitzen der Hündin, um Milch zu trinken.

Hinweis: Achten Sie darauf, daß jeder Welpe sofort aus der Fruchthaut befreit wird. Notfalls müssen Sie diese am Kopf des Welpen aufreißen, damit er schnell Luft bekommt und atmen kann.

Komplikationen: Die Geburt dauert 2 bis 5 Stunden. Selbst eine junge Hündin weiß normalerweise instinktiv, wie sie ihre Jungen versorgen muß. Nur selten gibt es Komplikationen, wenn zum Beispiel ein Welpe querliegt oder die Hündin aus anderen Gründen in außergewöhnliche Not gerät. Der Tierarzt muß dann unverzüglich eingreifen.

Nach der Geburt

Notieren Sie Geburtszeit und Gewicht jedes einzelnen Welpen. Lassen Sie Ihre Hündin am nächsten Tag vom Tierarzt untersuchen, um sicherzustellen, daß kein Welpe mehr in der Gebärmutter verblieben ist. Melden Sie Geburt und Anzahl der Welpen dem Zuchtwart Ihres Rassezuchtvereins.

Auf Krankheitsanzeichen achten: Während der Säugezeit wird der Organismus Ihrer Hündin stark belastet, deshalb kann sie bisweilen krank werden.

• Mastitis: Diese Entzündung des Gesäuges wird durch die spitzen Zähnchen der Welpen verursacht. Das Gesäuge ist heiß und geschwollen. Der Tierarzt behandelt mit Antibiotika.

• Eklampsie: In den ersten Wochen nach der Geburt kann Ihre Hündin einen Eklampsie-Anfall bekommen, verursacht durch einen rapiden Verlust von Blutkalzium. Symptome sind Unruhe, Zittern, nervöses Zucken und Lähmungserscheinungen. Eine sofortige Kalziuminjektion durch den Tierarzt ist dann lebensnotwendig.

Entwicklung der Welpen

Die Welpen kommen blind, taub, aber voll behaart auf die Welt. Ihr Geruchssinn funktioniert von Anfang an.

1. bis 3. Woche: Die Welpen liegen dicht bei der Hündin und schlafen viel. Etwa am 10. bis 12. Tag öffnen sich ihre Augen, wenige Tage später beginnen die Welpen mit ihren ersten Gehversuchen. Ab der 3. Woche brechen die Zähnchen durch.

4. bis 7. Woche: Die Welpen sind jetzt in der Prägungsphase, sie werden zunehmend aktiver und verlassen die Wurfkiste, um ihre Umwelt zu erkunden. Spielen Sie jetzt viel mit den Welpen und sprechen Sie mit ihnen, damit sie eine ungezwungene Beziehung zu Menschen entwickeln.

8. bis 12. Woche: Die Welpen befinden sich nun in der sogenannten Sozialisierungsphase. Im Spiel mit ihren Geschwistern lernen sie soziale und andere Verhaltensweisen. Dies ist die beste Zeit für einen Besitzerwechsel.

Ernährung der Welpen

In den ersten 2 Wochen ernährt die Mutterhündin die Welpen mit ihrer Milch, die lebensnotwendige Abwehrstoffe enthält und deshalb für die Welpen besonders wichtig ist.

Zwischen der 2. und 3. Woche sollte allmählich feste Kost zugefüttert werden, zunächst Welpenbrei, später Spezialvollnahrung für Welpen (aus dem Zoofachhandel). Die Futtermenge richtet sich nach der Gewichtszunahme und dem Appetit der Welpen.

Mit der 7. Woche etwa geht der Milchvorrat der Hündin zur Neige. Mischen Sie der Welpennahrung Quark, Hüttenkäse und Honig bei. Im Winter Dorschlebertran zugeben.

Von seinem erhöhten Platz aus hat der junge Hund einen guten Überblick über die Ereignisse in der Umgebung.

Sachregister

Die **halbfett** gesetzten Seitenzahlen verweisen auf Farbfotos und Zeichnungen. U = Umschlagseite.

Abmagern 51
Agility 17, 21, **36, 37,** 38, **38**
Ahnentafel 23
Alleine bleiben 35
Alter Hund 29, 48
Analdrüsen reinigen 41
Angriffsbereitschaft 31
Anspringen 37
Apportieren **29, 38**
Augen
-ausfluß 51
-krankheiten 53, 56
-sekret 40
Aujeszkyscher Virus 46

Baden 42
Bellen 30
Beschäftigung 38, **38**
Betteln 37, **45**
Blindenhund 17
Breitensport 17, 21, 39
Bürsten 42, **42**

Charakter 11

Deckrüde 56
Dosenfutter 44
Druckverband 54, **54**
Durchfall 51, 52
Durst 51

Eingewöhnen 24
Einschläfern 30
Eiweiß 45
Eklampsie 59
Entwurmung 23, 49
Erbrechen 51
Ernährung 44, 47, 48
Erste Hilfe 54
Erziehung 32, 34, **34,** 35, **35,** 36

Fell **32, 56**
-pflege **41,** 42, **42**
-wechsel 18, 42, 43
Fertigfutter 44

Fette 46
Fieber messen 49, **50**
Flöhe 43
Flyball 17, 39, **39**
Futter 26
–, Dosen- 44
–, Halbfeucht- 44
-menge 47
-napf 26, **26**
–, Naß- 44
-platz 47
–, selbst zubereitetes 45
–, Trocken- 44
Futtermilben 43
Fütterungsregeln 47
Fütterungszeiten 47

Geburt 58
Gefahrenquellen 27
Gesundheitsvorsorge 49
Grundausstattung 26

Haarausfall 52
Haare schneiden 42, **43**
Halbfeuchtfutter 44
Halsband 26, **26,** 34
Hausapotheke 55
Heimtiere 27
Hepatitis 49, 51
Herbstgrasmilben 43
Heulen 30
Hitzschlag 27, 54
Hüftgelenksdysplasie 53, 56
Hund
–, alter 29, 48
–, erwachsener 19, 47
Hundesport 17
Hündin 19, 20, 58
–, trächtige 48
Husten 52
Hütearbeit **2,** 4, 7, 12, 14, 18, 19, 20, **22, 28,** 38
Hütehund 4, 6, 11, 20
Hüteinstinkt 7, 11, 17, 20, 21

Hütewettkämpfe 4, 6, 7, 12, 14, 53
Hütetrieb 6, 16, 19, 27

Impfpaß 23, 49
Impfplan 51
Impfungen 23, 49
Insektenstich 54
ISDS 6, 7, 16, 21, 23, 53, 56

Kämmen 42
Kauf 18, 19, 23
-vertrag 23
Kinder **25,** 27
Knochen 26, **26,** 47
Knurren 30
Kohlenhydrate 44, 46
Kommandos 12, 32, **34,** 35
– »Aus« 34, **34**
– »Bleib« 35, **35**
– »Fuß« 35, **35**
– »Komm« 34
– »Platz« 35
– »Sitz« 34, **34**
Kontrolle
– der Augen 40
– der Ohren 40
– der Pfoten 40
– der Zähne 40
Kopfschütteln 52
Körpersprache 30, **53, 57**
Krallen kürzen 41
Krankheiten 49
–, Rassetypische 52
Krankheitsanzeichen 50
Krankheitskunde 51
Kratzen **40,** 52

Läufigkeit 19, 20, 31, 57
Lautsprache 30
Lebenserwartung 29
Leine 26, 34
Leinenführigkeit 34
Leptospirose 49, 51

Magendrehung 54
Markieren 31
Mastitis 59
Medizin eingeben 50, **55**
Mineralstoffe 44, 46

Nährstoffbedarf 45
Nagen 46
Napf
–, Futter- 26, **26**
–, Wasser- 26, **26,** 48
Naßfutter 44
Nasenarbeit 17, 39, **39**
Notfälle 54

Obedience 7, 39
Ohren, Signale der 31
Ohrmilben 40

Paarung 57
Parasiten 43
Parvovirose 49, 51
Pflege 40
-aufwand 42
-utensilien 26, 42, **42**
Prägungsphase 59
Progressive Retinal Atrophy 53
Puls fühlen 50

Rasse
–, Entstehung der 4
-standard 7, 10
Reisen mit dem Hund 27
Rettungshund 16
Rüde 19
Rute, Signale der 31

Schafehüten **U1,** 4, 7, 12, **13,** 14, **16, 17,** 18, 38, **62**
Scheinträchtigkeit 57
Schlafplatz 26
Schnüffeln 31
Schuppen 43
Show Border Collie 7, 21
Sozialisierungsphase 59

60

Aus Liebe und Verantwortung

Heimtiere machen nicht nur Kindern, sondern der ganzen Familie viel Freude. Und ob Hund, Hamster oder Wellensittich – wer sich einmal an den kleinen Liebling gewöhnt hat, möchte ihn nicht mehr missen. Deshalb ist es wichtig, über die Bedürfnisse der Tiere wirklich Bescheid zu wissen. Die **GU Tier-Ratgeber** – von anerkannten Autoren geschrieben – sind ideal als Helfer bei der artgerechten Haltung mit Herz und Verstand. GU Ratgeber gibt es zu allen beliebten Tierarten. Sie sind auch für Kinder geeignet, die ihr Tier selbst versorgen wollen.

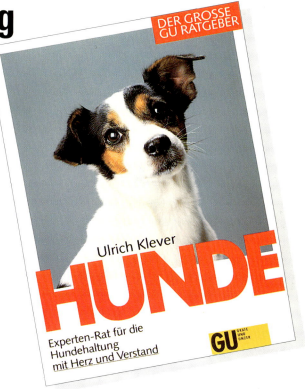

Mehr draus machen Mit Gräfe und Unzer

Spielaufforderung 31, **31**
Spielen 26, **52**
Spielzeug 26, **26,** 28
Sprache des Hundes 30
Spurenelemente 46
Staupe 49, 51
Stubenreinheit 25

Tierpension 29
Tollwut 49
Trächtigkeit 57
Training 12, 14, **16,** 38
Transport
 – des Welpen 24
 – des Unfallhundes 55
Trial 6, 7, 12, 14, 15, **16,**
  17, 38
-klassen 16
-parcours **15**
Trinken **44,** 48
Trockenfutter 44

Unarten 37
Unfälle 55
Ungeziefer 43
Urlaub 28
Unterwerfung 31, **31**

Vergiftungen 55
Verhalten 30, **31**
Verletzungen 54
Verstopfung 52
Vitamine 46

Wasser 44, 47, 48
Welpen **2, 9,** 25, **44, 45,**
  46, 47, **57,** 58, 59
–, Auswahl des 23
–, Entwicklung der 59
–, Ernährung der 59
-kost 26, 59
–, spielende **4, 12, 20, 52,**
–, Tragen des **19**
–, Verhalten des 23
Wesen 10, 12
Winseln 30
Wunden 54
Wurfkiste 58
Würmer 43, 49
Wurmkuren 23, 49

Zahnpflege 40
Zahnstein 40
Zecken 43
Zucht 56
-erlaubnis 56
-linien 6, 7, 21
Züchter 21

Adressen

Verbände und Vereine
International Sheep Dog
 Society (ISDS),
 A. Philip Hendry,
 CheshamHouse, 47
 Bromham Roud,
 Bedford MK 40 2AA,
 England
Fédération Cynologique
 Internationale (FCI),
 13 Place Albert 1,
 B-6530 Thuin
Arbeitsgemeinschaft
 Border Collie Deutsch-
 land e.V. (ABCD),
 Günter Piepenbrock,
 Mackebenstr.14,
 33647 Bielefeld
Verband für das Deutsche
 Hundewesen (VDH),
 Postfach 10 41 54,
 44041 Dortmund
Club für Britische Hüte-
 hunde e.V., Präsident:
 Jürgen Baldauf,
 Burger Landstr. 45,
 29227 Celle

Österreichischer Kynolo-
 genverband (ÖKV),
 Johann-Teufel-Gasse 8,
 A-1238 Wien
Dieser Verband gibt Ihnen
 Auskunft über die Austrian
 Sheep Dog Society (ASDS)
 und den Österreichischen
 Club für Britische Hüte-
 hunde.
Schweizerische Kynolo-
 gische Gesellschaft
 (SKG/SCS),
 Postfach 8217,
 CH-3001 Bern.
Dieser Verband gibt Ihnen
 Auskunft über den Border
 Collie Club der Schweiz
 und über die Swiss Sheep
 Dog Society (SSDS).

Registrierung von Hunden
Haustier-Zentralregister für
 die BRD e.V. TASSO,
 Postfach 14 23,
 D-65783 Hattersheim
Wer seinen Hund vor Tier-
fängern und dem Tod im
Versuchslabor schützen
will, kann ihn hier registrie-
ren lassen. Eintragung und
Suche bei Vermißtenmel-
dung sind kostenlos.

Haftpflichtversicherung
Fast alle Versicherungen
bieten Haftpflichtversiche-
rungen für Hunde an.

Krankenversicherung
Uelzener Allgemeine Versi-
cherungsgesellschaft AG,
Postfach 2163,
D-29511 Uelzen

*Sobald der Border Collie
Schafe sieht, wird sein
Hütetrieb übermächtig. Tief
geduckt und mit fixierendem
Blick umkreist er die Herde.*

Bücher, die weiterhelfen

(falls nicht im Buchhandel, dann in Bibliotheken erhältlich)

Billingham, Viv: *Eine Frau und ihr Hund.* Piepenbrock, Eigenverlag, Bielefeld.

Combe, Iris: *Border Collies.* The Crowood Press, Marlborough.

von Hahn, Dina: *Collie und Sheltie.* Gräfe und Unzer Verlag, München.

Jones, H. Glyn & Barbara C. Collins: *Mein Leben mit Border Collies.* Piepenbrock, Eigenverlag, Bielefeld.

Larson, Janet E.: *The versatile Border Collie.* Alpine Publ. USA.

Ludwig, Gerd: *Mit dem Hund spielen und trainieren.* Gräfe und Unzer Verlag, München.

Quarton, Marjorie: *All about the working Border Collie.* Pelham Books, Stephen Green Press.

Streitferd, Uwe: *Mein kranker Hund.* Gräfe und Unzer Verlag, München.

Zeitschriften

Das Tier.
Hallwag Verlag, Brunnwiesenstraße 23, D-73760 Ostfildern

Unser Rassehund.
Herausgeber: Verband für das Deutsche Hundewesen e.V. (VDH), Dortmund.

Der Autor

Günter Piepenbrock hält seit vielen Jahren Border Collies und als Hobby-schäfer auch einige Schafe, an denen er seine Hunde trainiert. Mit Erfolg nimmt er regelmäßig an Hütewettkämpfen teil. Er ist außerdem Vorsitzender der Arbeitsgemeinschaft Border Collie Deutschland und hat bereits mehrere Übersetzungen von Border-Collie-Fachliteratur im Eigenverlag veröffentlicht.

Der Zeichner

György Jankovics ist ausgebildeter Grafiker und studierte an den Kunstakademien von Budapest und Hamburg. Er zeichnet für eine Reihe angesehener Verlage Tier- und Pflanzenmotive. Für die GU Redaktion hat er bereits viele Titel illustriert.

Die Fotografin

Christine Steimer arbeitet seit 1985 als freie Fotografin. Sie hat sich 1989 auf Tierfotografie spezialisiert und ist seitdem für die Zeilschrift »Das Tier« tätig.

Wichtige Hinweise

In diesem Ratgeber geht es um die Anschaffung und Haltung von Border Collies. Autor und Verlag halten es für wichtig, darauf hinzuweisen, daß sich die Haltungsregeln des Buches in erster Linie auf normal entwickelte Jungtiere aus guter Zucht beziehen, also auf gesunde, charakterlich einwandfreie Tiere. Wer einen erwachsenen Hund zu sich nimmt, muß sich bewußt sein, daß dieser bereits wesentliche Prägungen durch den Menschen erfahren hat. Er sollte den Hund besonders genau bobachten, auch in seinem Verhalten zum Menschen; er sollte sich auch den bisherigen Besitzer ansehen. Ist der Hund aus dem Tierheim, so kann dieses über die Herkunft des Hundes und seine Eigenheiten eventuell Auskunft geben. Es gibt Hunde, die aufgrund schlechter Erfahrungen mit Menschen in ihrem Verhalten auffällig sind, vielleicht auch zum Beißen neigen. Diese Hunde sollten nur von erfahrenen Hundehaltern aufgenommen werden. Auch bei gut erzogenen und sorgfältig beaufsichtigten Hunden besteht die Möglichkeit, daß sie Schäden an fremdem Eigentum anrichten oder gar Unfälle verursachen. Ein ausreichender Versicherungsschutz liegt im Eigeninteresse; der Abschluß einer Hundehaftpflicht-Versicherung ist in jedem Fall dringend zu empfehlen. Lassen Sie bei Ihrem Hund auch alle notwendigen Schutzimpfungen und Entwurmungen (→ Seite 49) ausführen, da sonst eine erhebliche gesundheitliche Gefährdung von Mensch und Tier möglich ist. Einige Krankheiten und Parasiten sind auf den Menschen übertragbar (→ Seite 49). Zeigen sich bei Ihrem Hund Krankheitsanzeichen, sollten Sie unbedingt einen Tierarzt zu Rate ziehen. Gehen Sie im Zweifelsfall selbst zum Arzt.

Die Fotos auf dem Buchumschlag

Umschlagvorderseite:
Hemp, ein Sohn des zweifachen Supreme-Champions Spot.
Umschlagrückseite:
Border Collie beim Apportieren des Dummies.

© 1996 Gräfe und Unzer Verlag GmbH, München
Alle Rechte vorbehalten. Nachdruck, auch auszugsweise, sowie Verbreitung durch Film, Funk und Fernsehen, durch fotomechanische Wiedergabe, Tonträger und Datenverarbeitungssysteme jeder Art nur mit schriftlicher Genehmigung des Verlages.

Redaktion:
Anita Zellner,
Gerda Killer
Zeichnungen:
György Jankovics
Umschlaggestaltung:
Heinz Kraxenberger
Herstellung und Satz:
Michael Bauer, Weißenfeld
Reproduktion:
Penta, München
Produktion:
Eva Hehemann
Druck und Bindung:
Stürtz, Würzburg

ISBN 3-7742-2692-X

Auflage	4	3	2
Jahr	99	98	97

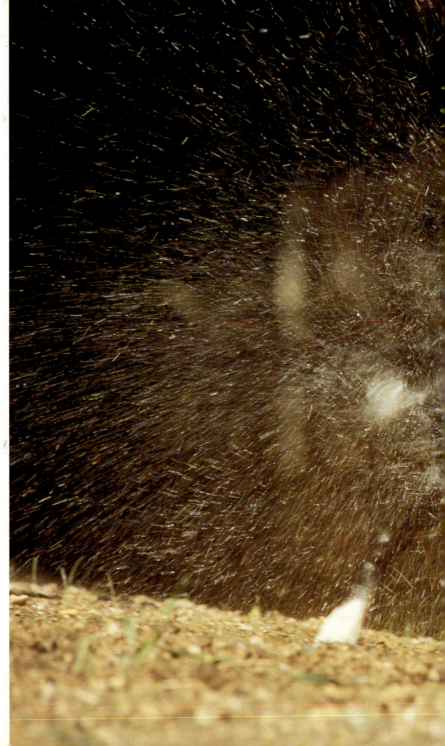

Ein echter Naturbursche. Wäre er nicht schwarz-weiß gefärbt, könnten Ausdruck und Haltung dieses Hundes zu einem Wolf passen. Die geduckte, schleichende Haltung des Border Collies bei der Arbeit am Vieh erinnert stark an seinen wilden Urahn. Jagdinstinkte und -technik des Wolfes treten beim Border Collie »gebremst« immer noch in Erscheinung.